# 현대
# 백화점
# 그룹

## 인적성검사

# PREFACE

우리나라 기업들은 1960년대 이후 현재까지 비약적인 발전을 이루었다. 이렇게 급속한 성장을 이룰 수 있었던 배경에는 우리나라 국민들의 근면성 및 도전정신이 있었다. 그러나 빠르게 변화하는 세계 경제의 환경에 적응하기 위해서는 근면성과 도전정신 이외에 또 다른 성장 요인이 필요하다.

한국기업들이 지속가능한 성장을 하기 위해서는 혁신적인 제품 및 서비스 개발, 선도 기술을 위한 R&D, 새로운 비즈니스 모델 개발, 효율적인 기업의 합병·인수, 신사업 진출 및 새로운 시장 개발 등 다양한 대안을 구축해 볼 수 있다. 하지만, 이러한 대안들 역시 훌륭한 인적자원을 바탕으로 할 때에 가능하다. 최근으로 올수록 기업체들은 자신의 기업에 적합한 인재를 선발하기 위해 기존의 학별 위주의 채용을 탈피하고 기업 고유의 인·적성검사 제도를 도입하고 있는 추세이다.

현대백화점그룹에서도 업무에 필요한 역량 및 책임감과 적응력 등을 구비한 인재를 선발하기 위하여 고유의 인적성검사를 치르고 있다. 본서는 현대백화점그룹 채용대비를 위한 필독서로 현대백화점그룹 인적성검사의 출제경향을 철저히 분석하여 응시자들이 보다 쉽게 시험유형을 파악하고 효율적으로 대비할 수 있도록 구성하였다.

신념을 가지고 도전하는 사람은 반드시 그 꿈을 이룰 수 있습니다. 처음에 품은 신념과 열정이 취업 성공의 그 날까지 빛바래지 않도록 서원각이 수험생 여러분을 응원합니다.

# STRUCTURE

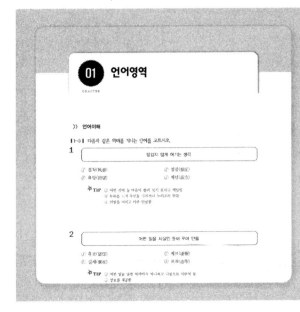

## 출제예상문제

적중률 높은 영역별 출제예상문제를 상세하고 꼼꼼한 해설과 함께 수록하여 학습효율을 확실하게 높였습니다.

## 인성검사 및 면접

성공취업을 위한 인성검사와 면접기출을 수록하여 취업의 마무리까지 깔끔하게 책임집니다.

# CONTENTS

# 현대백화점그룹 소개

현대백화점그룹의 기업 및 채용 정보를 수록하여 서류와 면접에
대비할 수 있도록 하였습니다.

# 현대백화점그룹 소개

# 01 그룹소개 및 채용안내

CHAPTER

## 1 그룹개요

현대백화점그룹은 1971년 매출액 8천 4백만 원 규모의 회사에서 출발하여 수많은 어려운 시기를 슬기롭게 극복하고, 2017년말 기준 16조 원의 매출액과 8천 3백억 원의 경상이익을 달성하며, 재계 그룹순위(18년 기준, 공기업 제외)가 자산 기준 21위, 순이익 기준 20위인 대규모 그룹으로 성장하였다. 앞으로도 PASSION VISION 2020의 달성을 위해 기존사업 분야인 유통, 종합식품, B2B, 미디어의 경쟁력 향상과 함께 미래 성장사업으로의 진출을 적극 추진해 나갈 것이다.

## 2 비전2020

현대백화점그룹의 비전은 "고객에게 가장 신뢰받는 기업"이 되는 것이다. 이를 위해 '열정'을 바탕으로 '자율창의 · 지속성장 · 업무혁신 · 고객지향 · 상생추구'라는 핵심가치를 기반으로 한 '사업개발전략 · 기업문화전략 · 경영인프라전략'의 3대 추진전략을 지속적으로 실천해 나갈 것이다.

| MISSION | 고객을 행복하게, 세상을 풍요롭게 | | | |
|---|---|---|---|---|
| VISION | 고객에게 가장 신뢰받는 기업<br>(목표시장내 고객신뢰도 1위) | | | |
| CORE VALUE | CUSTOMER | COMPANY | COMMUNITY | CO-WORKER |
| | 고객이 제일 먼저<br>떠올리는 회사 | 지속적으로<br>성장하는 회사 | 어려운 사람들에게<br>빛이 되어주는<br>회사 | 국내기업 중<br>최고의 대우를<br>받는 회사 |
| | PASSION | | | |
| | 자율창의 + 지속성장 + 업무혁신 + 고객지향 + 상생추구 | | | |
| STRATEGY | 사업개발 전략, 기업문화 전략, 경영인프라 전략 | | | |

## 3 기업문화

현대백화점그룹은 최고경영자의 의지를 담아 조직문화의 중요성에 대한 공감대를 확산해 나가고 있다. 임직원 누구나 그룹의 핵심가치를 지향하며 행동하고, 자발적인 동기부여를 바탕으로 창의적인 아이디어와 의견을 마음껏 펼칠 수 있는 분위기를 조성하기 위해 모두가 노력하고 있다.

### (1) 현대백화점그룹의 핵심가치

| KEY CONCEPT | 조직구성원의 의사결정 및 행동 기준 |
|---|---|
| **열정**<br>(모든 일과 삶에 대한 기본 바탕) | • 새로움에 대한 두려움을 버림<br>• 어려움을 극복하겠다는 마음가짐<br>• 불가능을 가능으로 바꿀 수 있다는 신념<br>• 실패의 인정, 구성원 사기와 동기 제고 |
| **업무혁신**<br>(혁신적인 기업) | • 업무에 대한 Feed-Back과 시너지 창출 노력 강화<br>• 비효율적인 업무의 지속적인 개선<br>• 조직간 상호신뢰 및 팀워크 마인드 조성<br>• 혁신을 통해 일과 삶에 대한 균형을 강화 |
| **자율창의**<br>(자율창의적인 기업) | • 자유롭게 의견을 개진하고, 능력을 마음껏 발휘<br>• 권위주의, 형식주의, 자만과 이기주의를 타파<br>• 개방적인 소통분위기 활성화를 통한 창의성 제고 |
| **고객지향**<br>(고객지향적인 기업) | • 고객이 곧 존재의 이유라는 신념<br>• 기존고객의 재창조, 신규고객의 지속적 창출<br>• 지속적으로 고객에 대한 진정성 강화 |
| **지속성장**<br>(지속적으로 성장하는 기업) | • 각 사업분야에서 스스로 최고가 되도록 노력<br>• 새로운 성장동력을 지속적으로 발굴<br>• 구성원 육성을 통한 회사와의 동반성장 기회 제공 |
| **상생추구**<br>(사회적 책임을 다하는 기업) | • 사회가 보다 밝은 세상이 되는데 일조<br>• 협력사와 상호이득이 되는 선순환구조 강화<br>• 지속적인 신뢰관계 구축 |

## (2) 현대백화점그룹의 주요 기업문화 활동

| | |
|---|---|
| 즐겁고 활기찬 '소통문화' | 기업의 비전에 대한 공감대를 형성하고, 다양한 의견과 개선사항을 공유하는 소통의 장을 운영한다.<br>• 찾아가는 경영설명회<br>• 주니어보드 |
| 실패를 두려워하지 않는 '도전정신' | 임직원들이 자신의 역량과 창의적인 아이디어를 마음껏 발휘할 수 있도록 지원하는 프로그램을 운영한다.<br>• 그룹 조직문화 포상 「올해의 Passionista 賞」 |
| 직원을 배려하는 '근무 환경' | 일과 삶의 균형을 유지하고 자신의 역량을 마음껏 발산할 수 있는 근로환경 조성에 노력하고 있다.<br>• PC-OFF제도<br>• 사내대학(원) 운영<br>• 국내외 휴양소<br>• EAP 프로그램 |

## 4  사업분야

| 2020년 그룹 매출<br>23조원 | | | | |
|---|---|---|---|---|
| 유통 | 패션 | 종합식품 | 미디어 | B2B |
| • 도심형/프리미엄 아울렛<br>• 복합쇼핑몰<br>• 온라인/모바일 강화<br>• 면세점 진출<br>• 홈쇼핑 경쟁력 강화<br>• 홈쇼핑 해외진출 | • 해외 진출<br>• 신규 브랜드 육성 | • 단체급식/연회<br>• 기업형 외식<br>• 식재 유통<br>• Retail 유통<br>• HMR<br>• 브랜드 외식사업 (매그놀리아 등) | • 유선방송<br>• OTT(에브리온)<br>• Volp, PP 확대<br>• 디지털 사이니지 등 | • 상용여행산업 강화<br>• MICE 산업<br>• 법인서비스사업 강화 |
| | 가구 | | 렌탈 | 건설장비/제조 |
| | • 생활용품 사업(윌리엄스소노마 등)<br>• B2C/B2B 확대 | | • 신규 렌탈품목 개발(주방/매트리스 등)<br>• 브랜드 이미지 제고 | • 해외시장 확대<br>• 제품 포트폴리오 강화 |
| 사업개발전략 | | 기업문화전략 | | 경력인프라전략 |

## 5 인재상

| | |
|---|---|
| Specialty | 맡은 분야에 대한 전문적 기술과 노하우뿐 아니라 폭넓은 안목과 식견을 키움으로써 회사의 지속성장에 기여하는 전문인 |
| Unconventionality | 기존의 틀에서 벗어난 새로운 생각을 기반으로 발상과 인식의 전환을 통해 자율창의를 실현하는 창조인 |
| Pioneer | 뜨거운 열정으로 실패와 좌절을 두려워하지 않고 지속적으로 새로운 도전을 감행하는 역동적 도전인 |
| Ethicality | 건전한 가치관과 윤리의식을 가진 책임감 있는 사회인으로서 사내 구성원, 고객, 협력사와의 상생추구를 통해 회사의 명예와 자긍심을 높이는 도덕인 |
| Responsibility | 고객지향적 입장에서 가족, 동료, 회사, 사회와의 약속을 지키며, 기업 구성원으로서의 역할과 책임을 다하는 책임인 |
| Behavior – based | 적극적인 자세와 강인한 추진력으로 업무혁신을 실현하는 실행인 |

## 6 채용 Process(현대백화점, 현대홈쇼핑, 현대그린푸드 신입사원)

Wannabe PASSIONISTA, Campus Recruitting, Campus Request ⇨ 서류전형 ⇨ 인적성 검사 ⇨ 1차면접 (팀장) ⇨ 인턴실습 ⇨ 2차면접 (임원) ⇨ 교육 및 입사

― 현대백화점, 코리아세일페스타에 에코백 · 앞치마 지원 ―

현대백화점이 국내 최대 쇼핑 · 문화 축제인 코리아 세일 페스타(Korea Sale FESTA) 기간에 맞춰 친환경 에코백과 상인용 앞치마를 무상으로 제공해 전통시장 활성화에 발벗고 나선다. 현대백화점은 코리아 세일 페스타 진행 기간 전국 15개 점포 주변 전통시장 13곳과 연계해 상생 지원 프로그램을 운영한다. 1만개의 에코백과 2,000개의 앞치마 제공 외에 효과적인 매장 연출법, 블로그 등 온라인 활용법 등도 교육할 예정이다.

VMD(매장 연출 및디자인) 전문 강사가 시장 상인들을 대상으로 매장 연출법이나 효과적인 진열법, 가격표 표기법, 조명 활용법 등을 교육하고, 현대백화점 문화센터 강사를 파견해 1평 운동법, 근골격계 질환 예방법, 스트레스 해소법 등 건강 강좌와 온라인 활용 교육을 진행할 예정이다.

13개 전통시장은 서울 서대문구 영천시장, 강북구 수유마을 시장, 목동 전통시장, 강동구 시장연합회, 구로 · 남구로 시장연합회, 부천 중동시장, 성남 중앙시장, 청주 육거리 종합시장, 대구 염매시장, 부산 동구청 시장연합회, 울산 수암시장 등이다.

또 전통시장 영업 활성화 홍보를 위해 오는 28일부터 다음달 3일까지 서울 강북구 수유마을시장 내에 임시 전시장을 마련해 시장을 테마로 한 사진, 일러스트, 설치미술, 영상물 등 예술 작품을 전시할 예정이다. 작품 제작비, 전시회 진행비 등 비용 일체는 모두 현대백화점이 부담한다. 수유마을시장 상인회에서는 미술관 방문객에게 자체 제작한 양산을 기념품으로 증정한다.

이혁 현대백화점 영업전략담당(전무)는 "현대백화점의 노하우를 활용해 전통시장의 영업력을 강화에 실질적인 도움이 될 수 있도록 지원을 아끼지 않을 것"이라며 "내수경기 활성화와 전통시장과의 상생을 위한 다양한 마케팅 활동도 전개해 나갈 것"이라고 말했다.

― 2018. 9. 20

## – 현대홈쇼핑, '방송심의 자문위원회' 신설 –

현대홈쇼핑이 방송 심의 강화를 위해 외부 전문가를 중심으로 한 위원회를 신설한다고 4일 밝혔다. 높아진 시청자의 눈높이에 맞춰, 소비자 관점에서 자체 방송 심의 기준을 강화하기 위함이다.

현대홈쇼핑은 이 날 오전 강동구 천호동 현대홈쇼핑 본사에서 임대규 현대홈쇼핑 부사장을 포함한 외부 전문가들이 참석한 가운데 '방송심의 자문위원회'를 열고, 모니터링 제도 등 기존 심의 관련 제도들을 재정비해 나가기로 했다.

현대홈쇼핑의 '방송 심의 자문위원회'는 미용 전문가, 식품 법률 전문가, 소비자 단체 등 총 4명과 현대홈쇼핑 영업본부장, 방송사업부 상무, 영업전략담당 상무 및 현대홈쇼핑 심의팀으로 구성됐다.

현대홈쇼핑은 먼저, 매월 정기적으로 회의를 열어, 상대적으로 심의 위반 발생 가능성이 높은 건강기능식품·화장품 등 고위험도 상품 방송의 타당성과 신뢰도를 평가하고, 방송 전 영업(MD)·PD·심의 관련 담당자들과 함께 협의해 방송 전에 명확하고 구체적인 방송 지침을 마련해 나갈 계획이다.

또한, 현대홈쇼핑은 이미 자체적으로 운영하고 있는 심의위원회 및 시청자위원회와 함께 이슈 상품 방송에 대한 사후 모니터링을 진행한다. 방송 표현과 자막 등 시청자에게 제공하는 정보의 불완전성을 점검해 이를 보완해 나갈 예정이다.

현대홈쇼핑 임대규 영업본부장(부사장)은 "고객에게 신뢰받는 홈쇼핑 채널이 되도록 임직원 교육, 심의 관련 조직 및 투자를 지속적으로 확대해 나갈 계획"이라며 "홈쇼핑을 이용하는 고객들의 높아진 관심과 기준에 부합하기 위해 외부 전문가와 함께 기존보다 강화된 심의 기준으로 방송 품질을 강화해 가겠다"며 말했다.

– 2018. 9. 4

# 출제예상문제

적중률 높은 영역별 출제예상문제를 상세하고 꼼꼼한 해설과 함께 수록하여
학습효율을 확실하게 높였습니다.

PART

II

# 출제예상문제

# 01 언어영역

## >> 언어이해

**|1~5|** 다음과 같은 의미를 지니는 단어를 고르시오.

**1**

> 달갑지 않게 여기는 생각

① 집착(執着)  ② 염증(厭症)

③ 욕망(慾望)  ④ 체념(諦念)

✡ **TIP** ① 어떤 것에 늘 마음이 쏠려 잊지 못하고 매달림
③ 부족을 느껴 무엇을 가지거나 누리고자 탐함
④ 희망을 버리고 아주 단념함

**2**

> 어떤 일을 사실인 듯이 꾸며 만듦

① 유보(留保)  ② 제보(提報)

③ 실재(實在)  ④ 조작(造作)

✡ **TIP** ① 어떤 일을 당장 처리하지 아니하고 나중으로 미루어 둠
② 정보를 제공함
③ 실제로 존재함

**3**

> 남의 주장에 자신의 의견을 일치시키거나 보조를 맞춤

① 분해(分解)　　　　　　　　② 멸실(滅失)

③ 동조(同調)　　　　　　　　④ 붕괴(崩壞)

　✫**TIP**　① 한 덩이의 사물을 따로 나눠 헤침을 이르는 말이다.
　　　　　② 멸망하여 없어짐을 이르는 말이다.
　　　　　④ 허물어져 무너짐을 이르는 말이다.


**4**

> 트집을 잡아 거북할 만큼 따지고 듦

① 詰難(힐난)　　　　　　　　② 批評(비평)

③ 叱咤(질타)　　　　　　　　④ 固執(고집)

　✫**TIP**　② 사물의 옳고 그름, 아름다움과 추함 따위를 분석하여 가치를 논함을 이르는 말이다.
　　　　　③ 큰 소리로 꾸짖음을 이르는 말이다.
　　　　　④ 자기의 의견을 바꾸거나 고치지 않고 굳게 버팀을 이르는 말이다.


**5**

> 낡은 습관에 젖어 고집이 세고 융통성이 없음

① 固陋(고루)　　　　　　　　② 偏狹(편협)

③ 保守(보수)　　　　　　　　④ 固執(고집)

　✫**TIP**　② 도량이나 생각하는 것이 좁고 치우침을 이르는 말이다.
　　　　　③ 보전하여 지킴, 재래의 풍속·습관과 전통을 중요시하여 그대로 지킴을 이르는 말이다.
　　　　　④ 자기 의견을 굳게 지킴을 이르는 말이다.

✍**ANSWER** 〉 1.② 2.④ 3.③ 4.① 5.①

**┃6~11 ┃** 다음 제시된 단어와 의미가 유사한 단어를 고르시오.

**6**

> 정양(靜養)

① 배양　　　　　　　　　② 함양

③ 부양　　　　　　　　　④ 요양

✿ **TIP** 정양(靜養) … 몸과 마음을 편하게 하여 피로나 병을 요양함
　　　① 인격, 역량, 사상 따위가 발전하도록 가르치고 키움
　　　② 능력이나 품성 따위를 길러 쌓거나 갖춤
　　　③ 생활 능력이 없는 사람의 생활을 돌봄
　　　④ 휴양하면서 조리하여 병을 치료함

**7**

> 유감(遺憾)

① 곤혹(困惑)　　　　　　② 애석(哀惜)

③ 동의(同意)　　　　　　④ 이의(異議)

✿ **TIP** 유감(遺憾) … 마음에 남아 있는 섭섭한 느낌, 언짢게 여기는 마음을 의미한다.
　　　① 곤란한 일을 당해 어찌할 바를 모름을 뜻한다.
　　　② 슬프고 아까움을 이르는 말이다.
　　　③ 제기된 의견, 주장 등에 대하여 의견을 같이 함을 이르는 말이다.
　　　④ 달리하는 주장을 이르는 말이다.

**8**

> 무정(無情)하다

① 온순하다　　　　　　　② 다정하다

③ 매몰차다　　　　　　　④ 우아하다

✿ **TIP** 무정(無情)하다 … 따뜻한 정이 없이 쌀쌀맞고 인정이 없다. 남의 사정에 아랑곳없다.
　　　① 성질이나 마음씨가 온화하고 양순하다.
　　　② 정이 많다. 또는 정분이 두텁다.
　　　④ 고상하고 기품이 있으며 아름답다.

**9**

| 희수(稀壽) |
|---|

① 고희(古稀)  ② 백수(白壽)

③ 이립(而立)  ④ 망팔(望八)

✿ **TIP** 희수(稀壽)는 70세를 이르는 말이다. 이와 같은 의미의 말로 고희(古稀), 종심(從心), 칠순(七旬) 등이 있다.
② 백수(白壽) : 99세를 이르는 말이다.
③ 이립(而立) : 30세를 이르는 말이다.
④ 망팔(望八) : 71세를 이르는 말이다.


**10**

| 고무(鼓舞) |
|---|

① 격분  ② 격려

③ 감사  ④ 감동

✿ **TIP** 고무(鼓舞) … 힘을 내도록 격려하여 용기를 북돋우다.
① 몹시 분하고 노여운 감정이 북받쳐 오르다.
③ 고맙게 여김. 또는 그런 마음
④ 크게 느끼어 마음이 움직임


**11**

| 세벌(世閥) |
|---|

① 격조(隔阻)  ② 난투(亂鬪)

③ 신분(身分)  ④ 품격(品格)

✿ **TIP** 세벌(世閥) … 어떤 집안이나 개인이 사회에서 차지하고 있는 신분이나 지위
① 멀리 떨어져 있어 서로 통하지 못함
② 한데 엉켜 치고받으며 어지러이 싸움. 또는 그런 싸움
④ 사람 된 바탕과 타고난 성품


👍ANSWER 〉 6.④  7.②  8.③  9.①  10.②  11.③

**12**

> 불비(不備)

① 미비　　　　　　　　　　② 급격
③ 우량　　　　　　　　　　④ 완전

> ✿**TIP**　불비(不備) … 제대로 다 갖추어져 있지 아니함

**13**

> 선량(善良)

① 포악(暴惡)　　　　　　　② 진전(進展)
③ 분간(分揀)　　　　　　　④ 해독(解讀)

> ✿**TIP**　선량(善良) … 행실이나 성질이 착함
> ① 사납고 악함
> ② 일이 진행되어 발전함
> ③ 사물이나 사람의 옳고 그름, 좋고 나쁨 따위와 그 정체를 구별하거나 가려서 앎
> ④ 어려운 문구 따위를 읽어 이해하거나 해석함

**14**

> 번망하다

① 어수선하다　　　　　　　② 혁신적이다
③ 한산하다　　　　　　　　④ 발생하다

> ✿**TIP**　번망하다 … 번거롭고 어수선하여 매우 바쁘다.

## 15

| 긴축(緊縮) |
|---|

① 완화        ② 절약

③ 지출        ④ 열악

✿ **TIP** 긴축 … 바짝 줄이거나 조임 또는 재정의 기초를 다지기 위하여 지출을 줄임
① 긴장된 상태나 급박한 것을 느슨하게 함

## 16

| 융성(隆盛) |
|---|

① 가변(可變)        ② 유도(誘導)

③ 쇠퇴(衰頹)        ④ 유념(留念)

✿ **TIP** 융성 … 기운차게 일어나거나 대단히 번성함을 이르는 말이다.
① 사물의 모양이나 성질이 바뀌거나 달라질 수 있음 또는 사물의 모양이나 성질을 바꾸거나 달라지게 할 수 있음을 이르는 말이다.
② 사람이나 물건을 목적한 장소나 방향으로 이끎을 이르는 말이다.
③ 기세나 상태가 쇠하며 무너짐을 이르는 말이다.
④ 잊거나 소홀히 하지 않도록 마음속에 깊이 간직하여 생각함을 이르는 말이다.

## 17

| 찰나(刹那) |
|---|

① 순식(瞬息)        ② 영겁(永劫)

③ 탄지(彈指)        ④ 일각(一刻)

✿ **TIP** 찰나(刹那) … 극히 짧은 시간(時間)
① 눈 한 번 깜짝하거나 숨 한 번 쉴 사이와 같이 짧은 동안을 뜻한다.
③ 매우 짧은 시간을 뜻한다.
④ 한 시간의 4분의 1, 곧 15분을 뜻한다.

**｜18~22｜** 다음 단어의 뜻으로 알맞은 것을 고르시오.

## 18

> **원용(援用)**

① 자기의 주장이나 학설을 뒷받침하기 위하여 문헌이나 관례 따위를 끌어다 씀
② 공금이나 남의 재물을 불법으로 차지하여 가짐
③ 주어진 임무를 저버림
④ 남의 것이나 다른 곳에 쓰기로 되어 있는 것을 다른 데로 돌려씀

✫ **TIP** ② 횡령(橫領)
③ 배임(背任)
④ 유용(流用)

## 19

> **拔萃(발췌)**

① 내용을 대강 추려 줄임
② 싸이거나 가려져 있던 것이 열리어 드러남
③ 책, 글 따위에서 필요하거나 중요한 부분을 가려 뽑아냄
④ 어떤 무리와도 견줄 수 없을 정도로 뛰어남

✫ **TIP** ① 개략(槪略)
② 발천(發闡)
④ 불군(不群)

## 20

> **意中(의중)**

① 꿈, 기대 따위를 실제로 이룸
② 겉으로 드러나지 않는 마음의 속
③ 어떤 사람이 편안하게 잘 지내고 있는지 그렇지 아니한지에 대한 소식
④ 조심하거나 삼가도록 미리 주의를 줌

✫ **TIP** ① 실현(實現)
③ 안부(安否)
④ 경고(警告)

**21**

| 安寧(안녕) |
|---|

① 아무 탈 없이 편안함
② 위험이 생기거나 사고가 날 염려가 없음
③ 마음이 편하지 아니하고 조마조마함
④ 바라고 원함

**TIP** ② 안전(安全)
③ 불안(不安)
④ 소원(所願)

**22**

| 허투루 |
|---|

① 잇따라 여러 번 되풀이하여
② 모르는 사이에 조금씩 조금씩
③ 아무렇게나 되는대로
④ 이리저리 마구 휘두르는 짓

**TIP** ① 연거푸
② 시나브로
④ 휘들램

ANSWER 〉 18.① 19.③ 20.② 21.① 22.③

| 23~24 | 다음 고사성어의 의미로 옳은 것을 고르시오.

**23**

百尺竿頭(백척간두)

① 오랫동안 기다려도 바라는 것이 이루어질 수 없음을 이르는 말
② 몹시 어렵고 위태로운 지경을 이르는 말
③ 여럿 가운데에서 가장 뛰어난 사람이나 훌륭한 물건을 비유적으로 이르는 말
④ 세상이 몰라볼 정도로 변함을 비유한 말

✦**TIP** ① 百年河淸(백년하청)
③ 白眉(백미)
④ 桑田碧海(상전벽해)

**24**

簞食瓢飮(단사표음)

① 한 가지 일에만 마음을 쏟음
② 지금까지 한 번도 있어 본 적이 없음
③ 반복하여 여러 번 말함
④ 청빈하고 소박한 생활을 함

✦**TIP** 단사표음 … 대나무로 만든 밥그릇에 담은 밥과 표주박에 든 물이라는 뜻으로, 청빈하고 소박한 생활을 이르는 말이다.

**25**

> • 소들이 건강하게 지내려면 우선 축사가 (   )해야 한다.
> • 목재에 송진을 문질러 빗물의 (   )을 예방하도록 해야 한다.
> • 설비 투자를 위한 금융 지원의 경우, 공신력 있는 기관이 (   )한 담보물의 가격은 최대한 인정된다.

① 견실 – 침잠 – 감식
② 견실 – 침윤 – 감정
③ 견실 – 침잠 – 감정
④ 견실 – 침윤 – 감식

★ **TIP**  견실 : (무엇의 구조나 내용이) 튼튼하고 굳건함
침윤 : 수분이 스며들어 차차 젖어 감
감정 : (사람이 무엇을) 전문적인 지식이나 기술로 잘 살펴보아서 그 특성이나 가치, 진위 따위를 판정함

**26**

> • 환전을 하기 위해 현금을 (   )했다.
> • 장기화 되던 법정 다툼에서 극적으로 합의가 (   )되었다.
> • 회사 내의 주요 정보를 빼돌리던 스파이를 (   )했다.

① 입출(入出) – 도출(導出) – 검출(檢出)
② 입출(入出) – 검출(檢出) – 도출(導出)
③ 인출(引出) – 도출(導出) – 색출(索出)
④ 인출(引出) – 검출(檢出) – 색출(索出)

★ **TIP**  인출(引出) : 예금 따위를 찾음
도출(導出) : 판단이나 결론 따위를 이끌어 냄
색출(索出) : 샅샅이 뒤져서 찾아냄

👍 **ANSWER** 〉 23.② 24.④ 25.② 26.③

**┃27~30┃** 다음 중 제시된 문장의 밑줄 친 어휘와 같은 의미로 사용된 것을 고르시오.

**27**

> 그는 큰 혼란을 <u>막았다</u>.

① 그 기업은 어음을 <u>막지</u> 못했다.
② 경비원이 사람들의 출입을 <u>막았다</u>.
③ 유혈사태만은 반드시 <u>막아야</u> 한다.
④ 그 집은 정원을 울타리로 <u>막았다</u>.

✦**TIP** 밑줄 친 부분은 '어떤 현상이 일어나지 못하게 하다'라는 의미로 사용되었다.
　　　① 돈을 갚거나 결제하다.
　　　② 어떤 일이나 행동을 못하게 하다.
　　　④ 트여 있는 곳을 가리게 둘러싸다.

**28**

> 7시가 되자 자명종이 요란하게 <u>울며</u> 일어날 시간이 되었음을 알렸다.

① 귀청이 <u>울리다</u>.
② 천둥이 <u>운다</u>.
③ 문풍지가 바람에 <u>울고</u> 있다.
④ 늑대가 <u>운다</u>.

✦**TIP** 제시된 '울며'는 '종이나 천둥, 벨 따위가 소리를 내다'의 뜻으로 쓰였다. 따라서 같은 의미로 쓰인 것은 ②이다.
　　　① 땅이나 건물 따위가 외부의 힘이나 소리로 떨리다.
　　　③ 물체가 바람 따위에 흔들리거나 움직여 소리가 나다.
　　　④ 짐승, 벌레, 바람 따위가 소리를 내다.

**29**

> 강당에 사람이 가득 <u>차서</u> 더 이상 들어갈 수 없었다.

① 그는 승리의 기쁨에 가득 <u>차서</u> 눈물을 흘렸다.
② 할아버지는 혀를 끌끌 <u>차며</u> 손주의 행동을 바라보았다.
③ 미숙이는 성격이 <u>차고</u> 매서워서 사람들이 잘 따르지 않는다.
④ 초의 향과 따스함이 방 안에 가득 <u>차</u> 아늑한 분위기를 연출했다.

✰ **TIP** ① 감정이나 기운 따위가 가득하게 되다.
   ② 혀를 입천장 앞쪽에 붙였다가 떼어 소리를 내다.
   ③ 인정이 없고 쌀쌀하다.
   ④ 일정한 공간에 사람, 사물, 냄새 따위가 더 들어갈 수 없이 가득하게 되다.

**30**

> 옷에 풀이 잘 <u>먹어서</u> 새 옷처럼 빳빳해졌다.

① 새로 산 자동차가 생각보다 기름을 너무 많이 <u>먹는다</u>.
② 오늘따라 화장이 잘 <u>먹어서</u> 기분이 좋다.
③ 나는 그에게 복수를 하기로 마음을 굳게 <u>먹었다</u>.
④ 스무 살이나 <u>먹었지만</u> 아직도 어린애처럼 군다.

✰ **TIP** 밑줄 친 부분은 '바르는 물질이 배어들거나 고루 퍼지다.'라는 의미로 사용되었다.
   ① 돈이나 물자 따위가 들거나 쓰이다.
   ③ 어떤 마음이나 감정을 품다.
   ④ 일정한 나이에 이르거나 나이를 더하다.

🎵 ANSWER 〉 27.③  28.② 29.④  30.②

**▌31~32 ▌** 다음 괄호 안에 들어갈 알맞은 말을 고르시오.

## 31

> 나는 ( ) 남들보다 이해가 느렸다.

① 귀가 여려서 　　　　　　　② 눈이 무뎌서
③ 머리가 굳어서 　　　　　　④ 귀가 절벽이여서

　　� **TIP** ② 눈이 무디다 : 사물을 보고 깨닫는 힘이 약하다.
　　　　　　① 귀가 여리다 : 속는 줄도 모르고 남의 말을 그대로 잘 믿는다.
　　　　　　③ 머리가 굳다 : 사고방식이나 사상 따위가 완고하다.
　　　　　　④ 귀가 절벽이다 : 귀가 아주 들리지 않다.

## 32

> 그 친구와 나는 ( )하며 서로 감출 것이 없는 사이다.

① 침소봉대(針小棒大) 　　　　② 지록위마(指鹿爲馬)
③ 읍참마속(泣斬馬謖) 　　　　④ 간담상조(肝膽相照)

　　✇ **TIP** ④ 간담상조(肝膽相照) : 간과 쓸개를 서로 보인다는 뜻으로, 서로 마음을 터놓고 사귀는 것을 이
　　　　　　르는 말
　　　　　　① 침소봉대(針小棒大) : 작은바늘을 큰 몽둥이라고 한다는 뜻으로, 작은 일을 크게 부풀려서 말
　　　　　　함을 비유적으로 이르는 말
　　　　　　② 지록위마(指鹿爲馬) : 윗사람을 농락하여 권세를 제 마음대로 휘두르는 짓
　　　　　　③ 읍참마속(泣斬馬謖) : 원칙을 위하여 자기가 아끼는 사람을 버림

## 33 다음 밑줄 친 말의 반의어로 적절한 것은?

> 스웨터를 <u>꼼꼼히 짰다.</u>

① 설멍하다 　　　　　　　　② 긴밀하다
③ 옹졸하다 　　　　　　　　④ 성기다

　　✇ **TIP** '성기다'는 '물건의 사이가 뜨다'라는 뜻으로 '꼼꼼히 짜다'의 반의어이다.

## 34 다음 밑줄 친 말의 반의어가 쓰인 문장은?

> <u>호젓하게</u> 지내다

① 살림이 단출하다.  ② 시장이 복잡하다.

③ 놀이동산이 한적하다.  ④ 골짜기가 후미지다.

✦ **TIP** '호젓하다'는 '후미져서 무서움을 느낄 만큼 고요하다'의 뜻으로 '번거롭다, 복잡하다, 시끄럽다'와 반대의 의미를 가진다.


## 35 다음 밑줄 친 말의 유의어로 적절한 것은?

> 보지 않아도 <u>훤하다</u>

① 꿰뚫다  ② 억제하다

③ 스며들다  ④ 도발하다

✦ **TIP** **훤하다** … 무슨 일의 조리나 속내가 뚜렷하다.
② 억제하다 : 감정이나 욕망, 충동적 행동 따위를 내리눌러서 그치게 하다.
③ 스며들다 : 속으로 배어들다. 마음 깊이 느껴지다.
④ 도발하다 : 남을 집적거려 일이 일어나게 하다.

∎1~10∎ 단어의 상관관계를 파악하여 ( ) 안에 알맞은 단어를 넣으시오.

## 1

> 신월 : ( ) = 만월 : 보름달

① 초승달      ② 그믐달
③ 반달      ④ 망월

✫ **TIP** 신월은 초승달과 동의어이며, 만월은 보름달과 동의어이다.

## 2

> 주다 : 드리다 = 밥 : ( )

① 진지      ② 식사
③ 끼니      ④ 쌀

✫ **TIP** '주다'의 높임말은 '드리다'이며, '밥'의 높임말은 '진지'이다.

## 3

> 사전 : 책 = ( ) : 구황작물

① 당근      ② 감자
③ 밀가루      ④ 미나리

✫ **TIP** ② 사전은 책에 포함되고, 감자는 구황작물에 포함된다.

**4**

분위기 : 험하다 = (　　) : 박하다

① 목숨 　　　　　　　② 생명
③ 능력 　　　　　　　④ 인심

✯ **TIP** 주어와 술어의 관계가 호응하는 것을 찾는다. 인심이 너그럽지 못하고 쌀쌀함을 뜻할 때 '인심이 박하다'고 표현한다.


**5**

대나무 : 정절(貞節) = (　　) : 억압(抑壓)

① 고랑 　　　　　　　② 둔덕
③ 물둑 　　　　　　　④ 비탈

✯ **TIP** 대나무는 정절을 상징하고, 고랑은 쇠고랑과 같은 말로 억압을 상징한다.


**6**

가랑비 : 옷 = (　　) : 댓돌

① 정화수 　　　　　　② 심층수
③ 낙숫물 　　　　　　④ 도랑물

✯ **TIP** ㉠ 가랑비에 옷 젖는 줄 모른다 : 사소한 것이라도 그것이 거듭되면 무시하지 못할 정도로 커진다.
㉡ 낙숫물이 댓돌을 뚫는다 : 작은 힘이라도 꾸준히 계속하면 큰일을 이룰 수 있다.


✍ANSWER 〉 1.① 2.① 3.② 4.④ 5.① 6.③

**7**

> 쟁기 : 농기구 = 나비 : (    )

① 곤충                           ② 꿀

③ 꽃                             ④ 벌

    ✯ **TIP** 농기구는 쟁기의 상위개념이고 나비의 상위개념은 '곤충'이다.

**8**

> 고난 : 극복하다 = 질병 : (    )

① 옮기다                         ② 걸리다

③ 진찰하다                       ④ 치료하다

    ✯ **TIP** 고난을 이겨내는 것을 '극복하다'라고 하며, 질병을 잘 다스려 낫게 하는 것을 '치료하다'라고 한다.

**9**

> 과학자 : 실험실 = (    ) : 교회

① 기도                           ② 성당

③ 목사                           ④ 찬송

    ✯ **TIP** 과학자는 실험실에서 실험을 하며, 목사는 교회에서 주로 활동을 한다.

**10**

> 고향 : 객지 = 진부 : (    )

① 청렴                           ② 추진

③ 참신                           ④ 헌신

    ✯ **TIP** '고향'과 '객지'는 반의어 관계이다. '진부'의 반의어는 '참신'이다.

**|11~20|** 다음 ( ) 안에 들어갈 말을 순서대로 나열한 것을 고르시오.

**11**

> 무용 : ( ) = ( ) : 악기

① 현대, 악보        ② 예술, 연주

③ 대상, 바이올린        ④ 예술, 드럼

✦ **TIP** 무용은 예술에 속하고, 드럼은 악기에 속한다.

**12**

> 성스럽다 : 고결하다 = ( ) : ( )

① 연구, 강구        ② 달다, 쓰다

③ 부지런하다, 게으르다        ④ 확장, 축소

✦ **TIP** '성스럽다'와 '고결하다'는 유의어 관계이다. ①의 '연구'와 '강구'가 유의어 관계이고 나머지는 반의어 관계이다.

**13**

> ( ) : 대동여지도 = ( ) : 자격루

① 김정호, 장영실        ② 황진이, 신사임당

③ 송시열, 이황        ④ 정약용, 유득공

✦ **TIP** 대동여지도는 김정호가 만든 지도이고, 자격루는 장영실, 김조 등이 발명한 물시계이다.

👍 **ANSWER** 〉 7.①   8.④   9.③   10.③   11.④   12.①   13.①

**14**

이론 : (  ) = 난해하다 : (  )

① 실천, 용이하다      ② 이해, 해소하다
③ 행동, 까다롭다      ④ 논문, 어렵다

✿ **TIP** '이론'의 반대말은 '실천'이고, '난해하다'의 반대말은 '용이하다'이다.


**15**

유명 : (  ) = 추측 : (  )

① 무명, 생각      ② 무명, 추리
③ 저명, 증명      ④ 저명, 짐작

✿ **TIP** '이름이 널리 알려져 있음'을 뜻하는 '유명'의 유의어는 '저명'이고, '미루어 생각하여 헤아림'을 뜻하는 '추측'의 유의어는 '짐작'이다.


**16**

우유 : (  ) = (  ) : 만두

① 소, 국      ② 풀, 고기
③ 치즈, 설날      ④ 버터, 밀가루

✿ **TIP** 우유로 버터를 만들고, 밀가루로 만두를 만든다.


**17**

(  ) : 출산 = 곡식 : (  )

① 산모, 농부      ② 시작, 마무리
③ 병원, 들판      ④ 아기, 수확

✿ **TIP** '아기'를 낳는 것을 '출산'이라고 하고, 익은 '곡식'을 거둬들이는 일을 '수확'이라고 한다.

**18**

> 명태 : (　) = (　) : 개호주

① 동태, 망아지　　　　　　　② 간자미, 강아지
③ 노가리, 호랑이　　　　　　④ 무녀리, 부룩소

✪ **TIP** 물고기 또는 짐승의 이름과 그 새끼의 이름이 짝지어진 관계이다.

**19**

> (　) : 폐 = 물고기 : (　)

① 허파, 부레　　　　　　　　② 인간, 허파
③ 사람, 아가미　　　　　　　④ 동물, 폐

✪ **TIP** 사람은 폐로 숨을 쉬고, 물고기는 아가미로 숨을 쉰다.

**20**

> 직유 : (　) = 여름 : (　)

① 감탄, 무더위　　　　　　　② 국어, 물놀이
③ 비교, 휴가　　　　　　　　④ 비유, 계절

✪ **TIP** 비유에는 직유, 은유, 의인, 활유 등이 있으며 계절에는 봄, 여름, 가을, 겨울이 있다.

👍 ANSWER 〉 14.① 15.④ 16.④ 17.④ 18.③ 19.③ 20.④

**21**

> • 어떤 작곡가는 현학적이다.
> • 모든 작곡가는 유복하다.
> • 어떤 시인은 작곡가이다.

> A : 어떤 시인은 유복하다.
> B : 어떤 작곡가는 현학적이고 유복하다.

① A만 옳다.
② B만 옳다.
③ A와 B 모두 옳다.
④ A와 B 모두 그르다.

✿ **TIP** '어떤 시인→작곡가→유복함'이므로 A는 옳다. 어떤 작곡가는 현학적이고 모든 작곡가는 유복하므로 B도 옳다. 따라서 A와 B 모두 옳다.

**22**

> • 나는 오전에 영화를 보거나 공부를 할 것이다.
> • 나는 오전에 공부를 하지 않았고 오후에 공부를 하였다.
> • 나는 영화 보는 것을 좋아한다.

> A : 나는 오늘 공부를 하였다.
> B : 나는 오늘 영화를 보았다.

① A만 옳다.
② B만 옳다.
③ A와 B 모두 옳다.
④ A와 B 모두 그르다.

✿ **TIP** 오전에 공부를 하지 않았으므로 오전에 영화를 보았고, 오후에 공부를 하였다고 했으므로 A와 B 모두 옳다.

**23**

- 바보는 웃음이 많다.
- 어떤 과학자는 바보이다.
- 웃음이 많은 사람은 행복하다.

A : 모든 과학자는 바보이다.
B : 어떤 과학자는 행복하다.

① A만 옳다.
② B만 옳다.
③ A와 B 모두 옳다.
④ A와 B 모두 그르다.

✬ **TIP** 어떤 과학자가 바보라고 했으므로, 모든 과학자가 바보인 것은 아니다. '어떤 과학자→바보→ 웃음이 많음→행복함'이 성립하므로 B만 옳다.

**24**

- 춤을 잘 추는 사람은 노래를 잘한다.
- 공부를 잘하는 사람은 춤을 잘 춘다.
- 노래를 잘하는 모든 사람은 가수가 꿈이다.

A : 춤을 잘 추는 어떤 사람은 가수가 꿈이다.
B : 공부를 잘하는 어떤 사람은 노래를 잘한다.

① A만 옳다.
② B만 옳다.
③ A와 B 모두 옳다.
④ A와 B 모두 그르다.

✬ **TIP** '공부 잘함→춤 잘함→노래 잘함→가수가 꿈'이므로 A와 B 모두 옳다.

**25**

- 어느 놀이기구는 키가 110cm 이상인 사람만 탈 수 있다.
- 민석이는 봉순, 진우, 진상, 선우 4명의 아이들을 데리고 놀이기구를 타러 갔다.
- 선우의 키는 120cm이다.
- 봉순이의 키는 선우보다 크다.
- 진상이는 키 때문에 놀이기구를 타지 못했다.

A : 4명의 아이들 중 선우와 봉순이만 놀이기구를 탔다.
B : 진상이의 키는 110cm 미만이다.

① A만 옳다.
② B만 옳다.
③ A와 B 모두 옳다.
④ A와 B 모두 그르다.

✿ **TIP**  4명의 아이들 중 진우의 키에 대한 언급이 없기 때문에 선우와 봉순이만 놀이기구를 탔는지는 알 수 없다. 진상이는 키 때문에 놀이기구를 타지 못했으므로 진상이의 키는 110cm가 되지 않는다. 따라서 B만 옳다.

▌26~30▐  다음에 제시된 전제에 따라 결론을 바르게 추론한 것을 고르시오.

**26**

- 모든 정탐꾼은 산적이다.
- 모든 신랑은 정탐꾼이다.
- 그러므로 _____

① 모든 산적은 신랑이다.
② 모든 신랑은 산적이다.
③ 모든 정탐꾼은 신랑이다.
④ 모든 산적은 정탐꾼이다.

✿ **TIP**  제시된 조건에 따르면 '모든 신랑→정탐꾼→산적'이 된다. 따라서 모든 신랑은 산적이다.

**27**

> • 철수는 영희의 남편이다.
> • 영희는 영수의 어머니이다.
> • 영철이는 영수의 동생이다.
> • 그러므로 _____

① 철수는 영철이의 아버지이다.
② 철수와 영수는 형제관계이다.
③ 영수는 외아들이다.
④ 영철이는 철수의 동생이다.

✿**TIP** 영희는 영수의 어머니이고 철수는 영희의 남편이므로 철수는 영수의 아버지이다. 영철이는 영수의 동생이므로 철수는 영철이의 아버지이다.


**28**

> • 어떤 소녀는 노래를 잘한다.
> • 어떤 소년은 노래를 잘한다.
> • 모든 소년은 춤을 잘 춘다.
> • 그러므로 _____

① 어떤 소녀는 춤을 잘 춘다.
② 모든 소년은 노래를 잘한다.
③ 모든 소녀는 노래를 잘한다.
④ 어떤 소년은 노래를 잘하고 춤도 잘 춘다.

✿**TIP** 첫 번째 문장에서 노래를 잘하는 소녀가 적어도 한 명은 있다는 것을 알 수 있다.
두 번째 문장에서 노래를 잘하는 소년이 적어도 한 명은 있다는 것을 알 수 있다.
세 번째 문장에서 모든 소년은 춤을 잘 추고, 두 번째 문장과 관련지어 생각하면 춤을 잘 추는 소년 중 적어도 한 명은 노래를 잘하는 것이 성립된다.
따라서 '어떤 소년은 노래를 잘하고 춤도 잘 춘다.'가 성립된다.

👍ANSWER 〉 25.② 26.② 27.① 28.④

**29**

> • 준서는 성적이 윤재보다 20점 더 높다.
> • 영건이의 점수는 준서보다 10점 낮다.
> • 그러므로 _____

① 영건이와 윤재의 점수 차이는 10점이다.

② 윤재의 점수가 가장 높다.

③ 영건이의 점수가 가장 높다.

④ 준서의 점수는 윤재의 점수보다 낮다.

✿ **TIP** 준서의 점수 = 윤재의 점수+20점, 영건이의 점수 = 준서의 점수 − 10점
그러므로 높은 점수의 순서는 준서 > 영건 > 윤재이며 영건이와 윤재는 10점 차이이다.

**30**

> • 내가 바다라면 너는 하늘이다.
> • 너는 하늘이 아니다.
> • 그러므로 _____

① 나는 산이다.

② 나는 바다가 아니다.

③ 너는 하늘이다.

④ 나는 바다다.

✿ **TIP** 너는 하늘이 아니기 때문에 나는 바다가 아니다.

**31**

- A는 수영을 못하지만 B보다 달리기를 잘한다.
- B는 C보다 수영을 잘한다.
- D는 C보다 수영을 못하지만 A보다 달리기를 잘한다.

① C는 달리기를 못한다.

② A가 수영을 가장 못한다.

③ D는 B보다 달리기를 잘한다.

④ 수영을 가장 잘하는 사람은 C이다.

✴ **TIP**  잘하는 순서
ㄱ 수영 : B>C>D
ㄴ 달리기 : D>A>B

**32**

- 영수는 철수보다 키가 크다.
- 수현이는 지현이보다 키가 크다.
- 준희는 준수보다 키가 작다.
- 준희는 수현이와 키가 같다.

① 영수는 준희와 키가 같다.

② 준수는 지현이보다 키가 크다.

③ 철수는 준희보다 키가 작다.

④ 준수와 수현이의 키는 비교할 수 없다.

✴ **TIP**  영수와 철수는 둘 사이만 비교가 가능하며, 다른 이들과 비교할 수 없다. 간략하게 나타내면 다음과 같다.
첫 번째 조건에 의해 영수>철수
나머지 조건에 의해 준수>준희=수현>지현

**33**

> • 유동인구가 많은 거리는 사고가 많이 난다.
> • 지하철역사 근처는 사고가 많이 난다.
> • 행사가 있는 날은 유동인구가 많아진다.

① 행사가 있는 날은 사고가 많이 난다.
② 지하철역사 근처는 유동인구가 많다.
③ 유동인구가 많은 날은 행사가 있다.
④ 지하철역사 근처가 아닌 곳은 사고가 많이 나지 않는다.

✿ **TIP**  행사가 있는 날은 유동인구가 많아진다. → 유동인구가 많은 거리는 사고가 많이 난다.
∴ 행사가 있는 날은 사고가 많이 난다.


**34**

> • 종현이는 동진이보다 시험을 못봤다.
> • 시원이는 종현이와 민호보다 시험을 못봤다.
> • 동진이는 태민이보다 시험을 못봤다.
> • 민호와 태민이의 등수 차는 '1'이다.

① 동진이는 4등을 하였다.
② 민호는 태민이보다 시험을 잘봤다.
③ 시원이는 5명 중 꼴찌이다.
④ 태민이는 시원이보다 시험을 못봤다.

✿ **TIP**  제시된 조건을 정리하면 다음과 같다.
(민호) > 태민 > (민호) > 동진 > 종현 > 시원
따라서 시원이는 5명 중 꼴찌를 하였다.

**35**

> • 지혜로운 사람은 정열적이지 않다.
> • 정열적인 사람은 고통스럽다.
> • 사랑을 원하는 사람은 정열적이다.
> • 정열적인 사람은 행복하지 않다.
> • 지혜로운 사람은 고통스럽지 않다.

① 사랑을 원하는 사람은 정열적이지 않다.
② 사랑을 원하는 사람은 행복하지 않다.
③ 지혜로운 사람은 사랑을 원한다.
④ 고통스러운 사람은 정열적이다.

✿ **TIP** 사랑을 원하는 사람→정열적인 사람→ 행복하지 않음

# 02 CHAPTER 수리영역

>> 수계산

**│1~4│** 다음 계산식 중 ( ) 안에 들어갈 알맞은 수를 고르시오.

**1**

$$48 \times 2 - (\quad) = 51$$

① 40 　　　　　② 45

③ 50 　　　　　④ 55

⭐ **TIP** 96 − ( ) = 51

**2**

$$42 + 387 - 252 + 325 - (\quad) = 303$$

① 199 　　　　　② 201

③ 257 　　　　　④ 312

⭐ **TIP** 502 − ( ) = 303

**3**

$$63 \div 3 \times (\quad) \times 2 = 462$$

① 11 　　　　　② 13

③ 15 　　　　　④ 17

⭐ **TIP** 21 × ( ) = 231

**4**

$$\frac{3}{4} \times (\quad) + \frac{1}{2} = 2$$

① 1　　　　　　　　　　　　② 2
③ 3　　　　　　　　　　　　④ 4

✵ **TIP** $\frac{3}{4} \times (\quad) = \frac{3}{2}$

▌5~8▐ 다음 등식이 성립하도록 (　　) 안에 해당하는 연산기호를 고르시오.

**5**

$$28(\quad)2 + 35 \div 7 = 61$$

① +　　　　　　　　　　　　② −
③ ×　　　　　　　　　　　　④ ÷

✵ **TIP** 28(　)2+5=61
　　　　28(　)2=56

**6**

$$156 \div 3 \times 2(\quad)6 = 110$$

① +　　　　　　　　　　　　② −
③ ×　　　　　　　　　　　　④ ÷

✵ **TIP** 104(　)6=110

👍ANSWER 〉 1.② 2.① 3.① 4.② 5.③ 6.①

**7**

$$\{89(\quad)21\} \div 5 \times 22 \div 44 = 11$$

① ＋                    ② －
③ ×                    ④ ÷

✿ **TIP** $\{89(\quad)21\} = 110$

**8**

$$25(\quad)3 - 53 = 22$$

① ＋                    ② －
③ ×                    ④ ÷

✿ **TIP** $25(\quad)3 - 75$

**|9~13|** 다음 식을 계산하여 알맞은 답을 고르시오.

**9**

$$11 \times 2.2 + 48.2 \div 2$$

① 36.2                    ② 38.1
③ 40.2                    ④ 48.3

✿ **TIP** $11 \times 2.2 + 48.2 \div 2 = (11 \times 2.2) + (48.2 \div 2)$
$$= 24.2 + 24.1$$
$$= 48.3$$

**10**

$$28 \times 13 \div 4$$

① 88                    ② 89
③ 90                    ④ 91

✿ **TIP** $28 \times 13 \div 4 = 364 \div 4 = 91$

**11**

$$32.59 + 86.42 - 70.25$$

① 47.72

② 48.76

③ 49.79

④ 50.62

✿ **TIP**  $32.59 + 86.42 - 70.25 = 48.76$

**12**

$$\frac{1}{6} \times 3 + \frac{3}{4} \div 3$$

① $\frac{3}{4}$

② $\frac{1}{2}$

③ 1

④ $\frac{1}{6}$

✿ **TIP**  $\frac{1}{6} \times 3 + \frac{3}{4} \div 3$

$= \frac{1}{2} + \frac{1}{4} = \frac{3}{4}$

**13**

$$\frac{\dfrac{1}{1+1}}{\dfrac{1}{1+2+3}} + 2$$

① 3

② 5

③ 7

④ 9

✿ **TIP**  $\dfrac{\dfrac{1}{1+1}}{\dfrac{1}{1+2+3}} = \dfrac{\dfrac{1}{2}}{\dfrac{1}{6}} = \dfrac{6}{2} = 3$

$\therefore 3 + 2 = 5$

**14** 어떤 수를 82로 나누면 몫이 7이고, 나머지가 15였다. 어떤 수를 33으로 나누었을 때의 나머지를 구하면?

① 24 ② 28

③ 32 ④ 36

    ✨ **TIP** $82 \times 7 + 15 = 589$

           589를 33으로 나누면 몫이 17이 되고, 나머지가 28이 된다.


**15** 양의 정수 $x$를 6배한 수는 42보다 크고, 5배한 수에서 10을 뺀 수는 50보다 작을 때, 이 조건을 만족하는 모든 양의 정수 $x$의 합은?

① 38 ② 45

③ 57 ④ 63

    ✨ **TIP** $6x > 42$, $5x - 10 < 50$를 정리하면

           $7 < x < 12$이므로 만족하는 모든 정수 $x$의 합은 $8 + 9 + 10 + 11 = 38$이다.


**16** 20,000원을 모두 사용해서 800원짜리 색연필과 2,000원짜리 볼펜을 종류에 상관없이 최대한 많이 산다고 할 때 색연필과 볼펜을 합하여 총 몇 개를 살 수 있는가? (단, 색연필과 볼펜 모두 한 개 이상 사야 한다)

① 25개 ② 22개

③ 20개 ④ 16개

    ✨ **TIP** 색연필 구매 개수를 $x$, 볼펜 구매 개수를 $y$라 할 때,

           $800x + 2,000y = 20,000$인 정수 $x$, $y$는 (5, 8), (10, 6), (15, 4), (20, 2)이므로 종류에 상관없이 최대한 많이 살 수 있는 경우는 (20, 2)로 총 22개를 살 수 있다.

**17** 서로 다른 색깔의 빛을 내는 네 개의 전등이 있다. 이 네 개의 전등으로 신호를 보낼 때, 모두 몇 가지의 신호를 보낼 수 있는가? (단, 전등이 모두 꺼진 경우는 신호로 인정하지 않으며 전등색의 순서와 신호는 무관하다)

① 4가지

② 8가지

③ 15가지

④ 16가지

✻**TIP** 각 전등은 커지거나 꺼지는 두 가지 신호를 보낸다. 따라서 네 개의 전등이 나타내는 신호는 $2 \times 2 \times 2 \times 2 = 16$(가지) 그러나 모두 꺼진 경우는 제외해야 하므로 $16 - 1 = 15$(가지)

**18** 현재 형은 2,500원, 동생은 4,000원을 예금하고 있다. 다음 달부터 매월 형은 500원씩, 동생은 200원씩 저금한다면 몇 개월 후부터 형이 동생보다 예금한 돈이 많아지는가?

① 5개월

② 6개월

③ 7개월

④ 8개월

✻**TIP** $2,500 + 500x > 4,000 + 200x$

$300x > 1,500$

$\therefore x > 5$

6개월 후부터 형이 동생보다 예금한 돈이 많아진다.

**19** 둘레의 길이가 3.3km인 호수가 있다. 호수의 같은 지점에서 영미가 분속 90m로 걷기 시작한 뒤 10분 후에 미휘가 반대 방향으로 분속 60m로 걷는다면, 미휘가 출발한지 몇 분 만에 영미를 만나겠는가?

① 15분　　　　　　　　　　　　② 16분

③ 17분　　　　　　　　　　　　④ 18분

✦**TIP** 미휘가 출발한지 몇 분 후를 $x$분 후라고 하면
영미가 걸은 거리+미휘가 걸은 거리=호수의 둘레 길이
$(10+x)90+60x=3,300$
$150x=2,400$
$\therefore \ x=16$분

**20** 기영이는 등교할 때 버스나 지하철을 이용한다. 어느 날 기영이가 버스를 탔다면 그 다음날 버스를 탈 확률은 $\frac{2}{3}$ 이고, 지하철을 탔다면 그 다음 날 버스를 탈 확률은 $\frac{1}{2}$ 이다. 기영이가 이번 주 월요일에 버스로 등교하였다면 이번 주 수요일에 지하철로 등교할 확률은?

① $\frac{2}{9}$　　　　　　　　　　　　② $\frac{4}{9}$

③ $\frac{7}{18}$　　　　　　　　　　　　④ $\frac{11}{18}$

✦**TIP** 월요일에 버스로 등교하고 수요일에 지하철로 등교하는 경우는 두가지이다.
㉠ 월요일에 버스, 화요일에 버스, 수요일에 지하철
$\frac{2}{3}\times\frac{1}{3}=\frac{2}{9}$
㉡ 월요일에 버스, 화요일에 지하철, 수요일에 지하철
$\frac{1}{3}\times\frac{1}{2}=\frac{1}{6}$
㉠+㉡$=\frac{2}{9}+\frac{1}{6}=\frac{7}{18}$

**21** 어느 회사에서 행사를 진행하기 위해 직원들을 긴 의자에 앉히려고 한다. 긴 의자에 직원들이 6명씩 앉으면 8명이 남고, 8명씩 앉으면 마지막 의자에 4명이 앉지 않으며 빈 의자가 2개 남는다고 한다. 직원은 몇 명인가?

① 90명　　　　　　　　　　　② 92명
③ 94명　　　　　　　　　　　④ 96명

✿ **TIP** 의자 수를 $x$라 하면
$$6x + 8 = 8(x-3) + 4$$
$$2x = 28$$
$$x = 14$$
의자 수가 14개이므로 직원 수는 $6 \times 14 + 8 = 92$명이다.


**22** 현재 아버지의 나이와 아들의 나이의 합은 50세이고, 12년 후에는 아버지가 아들의 나이의 3배보다 10세가 적다고 한다. 현재 아들의 나이는?

① 8세　　　　　　　　　　　② 9세
③ 10세　　　　　　　　　　　④ 11세

✿ **TIP** 아버지의 나이를 $x$, 아들의 나이를 $y$라 하면
$$x + y = 50 \cdots \unicode{x1F150}$$
$$12 + x = 3(12 + y) - 10 \cdots \unicode{x1F151}$$
㉠과 ㉡을 연립하여 풀면
$$12 + x = 3(12 + y) - 10$$
$$12 + x = 36 + 3y - 10$$
$$12 + x = 36 + 3(50 - x) - 10$$
$$12 + x = 36 + 150 - 3x - 10$$
$$4x = 164$$
$$\therefore x = 41, \ y = 9$$
현재 아들의 나이는 9세이다.

**23** 어떤 달의 1일은 화요일이었고, 말일은 수요일이었다. 그 다음 달의 말일은 무슨 요일인가? (단, 전달 말일이 30일이면, 그 다음 달 말일은 31일이다)

① 목요일                ② 금요일

③ 토요일                ④ 일요일

✫ **TIP** 어떤 달의 1일이 화요일이면 그로부터 4주 뒤인 29일이 또한 화요일이 된다. 말일이 수요일이므로 그 달의 말일은 30일이다. 다음 달의 1일이 목요일이므로 그로부터 4주 뒤인 29일이 또한 목요일이다. 말일이 30일인 달의 다음 달의 말일은 31일인데, 29일이 목요일이므로 31일은 토요일이 된다.

**24** 소금물 300g에 물 70g과 소금 30g을 더 넣었더니 농도가 처음 농도의 2배가 되었다. 처음 소금물의 농도는?

① 3%                ② 4%

③ 5%                ④ 6%

✫ **TIP** 처음 소금의 양을 $x$라 하면

$$\frac{x+30}{300+(70+30)} = \frac{x}{300} \times 2$$이므로 $x = 18(\text{g})$이다.

따라서 처음 소금물의 농도는 $\frac{18}{300} \times 100 = 6(\%)$이다.

**25** 어떤 배가 40km 강을 거슬러 올라갈 때는 5시간이 걸리고, 내려올 때는 2시간이 걸렸다. 강물의 속력은?

① 5km ② 6km

③ 7km ④ 8km

✦**TIP** 배의 속력을 $x$라 하고, 강물의 속력을 $y$라 할 때 거리＝속력×시간이므로

$$\begin{cases} 5(x-y)=40 \\ 2(x+y)=40 \end{cases}$$ 으로 놓고 풀어야 한다.

첫 번째 식을 풀면 $x-y=8$이고 두 번째 식을 풀면 $x+y=20$

강물의 속력 $y=6$이다.

**26** 어느 회사에서는 제품의 원가에 30%의 이익을 붙여 정가를 매긴 후 이것을 600원 할인하여 팔면 15%의 이익을 얻고 있다. 500개 팔았을 때의 이익금은 얼마인가?

① 10만원 ② 20만원

③ 30만원 ④ 40만원

✦**TIP** 원가를 $x$라 하면

$1.3x-600=1.15x$

$0.15x=600$

원가 $x$는 4,000원이다.

원가의 15% 이익을 얻는다고 했으므로

$4,000 \times 0.15=600$원

500개 팔았을 때는 $600 \times 500=300,000$원

**27** 형수와 동수가 같이 일하면 6일이 걸리는 일이 있다. 이 일을 먼저 형수가 4일 동안 일하고 동수와 함께 3일을 일하여 7일 만에 끝마쳤다. 이 일을 형수 혼자서 한다면 며칠이 걸리겠는가?

① 8일

② 9일

③ 10일

④ 11일

✦ **TIP** 형수가 하루 일한 양을 A라 하고, 동수가 하루 일한 양을 B라고 하면

6A+6B=1···㉠

7A+3B=1···㉡

㉠과 ㉡을 연립해서 풀면

8A=1

따라서 형수 혼자 일한다면 8일이 걸린다.

**28** 어느 회사의 올해 남자 직원과 여자 직원은 작년에 비하여 남자는 7% 증가하고, 여자는 5% 감소하였다. 작년에 전체 직원이 740명이었고, 올해는 작년보다 17명이 증가했다고 할 때, 작년의 남자 직원은 몇 명이었는가?

① 350명

② 400명

③ 450명

④ 500명

✦ **TIP** 작년 남자 직원의 수를 $x$, 여자 직원의 수를 $y$라 하면

$x+y=740$

$1.07x+0.95y=757$

두 개의 식을 연립해서 풀면

$0.12x=54$

$\therefore x=450$

**29** 남자 7명, 여자 5명으로 구성된 프로젝트 팀의 원활한 운영을 위해 운영진 두 명을 선출하려고 한다. 남자가 한 명도 선출되지 않을 확률은?

① $\dfrac{1}{11}$　　　　　　　　　　② $\dfrac{4}{33}$

③ $\dfrac{5}{33}$　　　　　　　　　　④ $\dfrac{2}{11}$

✸**TIP**　남자가 한 명도 선출되지 않을 확률은 여자만 선출될 확률과 같은 의미이다.

$$\frac{{}_5C_2}{{}_{12}C_2} = \frac{5 \times 4}{12 \times 11} = \frac{5}{33}$$

**30** A, B, C 3명이 벤치에 나란히 앉을 때 3명이 앉는 방법은?

① 2가지　　　　　　　　　　② 4가지

③ 6가지　　　　　　　　　　④ 8가지

✸**TIP**　3명을 순서 있게 앉게 하는 방법이므로
$3! = 3 \times 2 \times 1 = 6$(가지)
ABC, ACB, BAC, BCA, CAB, CBA 6가지 방법이 있다.

## 〉〉 수열추리

**┃1~14┃** 다음 숫자들의 배열 규칙을 찾아 괄호 안에 들어갈 알맞은 숫자를 고르시오.

**1**

> 4  3  18  17  102  (   )  606

① 57
② 99
③ 101
④ 203

✯ **TIP** −1, ×6이 반복되고 있다.

**2**

> $\dfrac{1}{2}$  $\dfrac{3}{2}$  $\dfrac{5}{6}$  (   )  $\dfrac{41}{330}$  $\dfrac{371}{13,530}$

① $\dfrac{11}{30}$
② $\dfrac{1}{55}$
③ $\dfrac{26}{78}$
④ $\dfrac{11}{99}$

✯ **TIP** 앞의 수의 분모와 분자를 더한 값은 다음 수의 분자가 되고, 앞의 수의 분모와 분자를 곱한 값은 다음 수의 분모가 된다.

**3**

> 2  6  11  17  13  8  (   )

① 1
② 2
③ 3
④ 4

✯ **TIP** +4, +5, +6, −4, −5, −6의 규칙을 갖는다.

**4**

| 4   5   3   6   2   7   (  ) |
|---|

① 1            ② 2

③ 3            ④ 4

☆ **TIP**

```
4      5      3      6      2      7     ( 1 )
  \    /  \   /  \   /  \   /  \   /  \   /
   +1   −2    +3   −4    +5   −6
```

**5**

| 2   3   4   6   9   14   22   (  )   56 |
|---|

① 29            ② 31

③ 33            ④ 35

☆ **TIP** 앞의 두 수를 더한 뒤 1을 빼주는 규칙이다.

**6**

| 5   7   11   19   (  )   67   131 |
|---|

① 35            ② 36

③ 37            ④ 38

☆ **TIP**

```
5      7     11     19    (35)    67    131
  \    /  \   /  \   /  \   /  \   /  \   /
  +2^1  +2^2  +2^3  +2^4  +2^5  +2^6
  (2)   (4)   (8)  (16)  (32)  (64)
```

**7**

| 1　5　13　25　41　(　)　85　113 |

① 61　　　　　　　　　　　② 62

③ 63　　　　　　　　　　　④ 64

✿**TIP**　+4, +8, +12, +16, +20, +24, +28… 즉, 4의 배수가 더해지고 있다.


**8**

| 1　2　4　5　16　8　64　(　) |

① 11　　　　　　　　　　　② 28

③ 32　　　　　　　　　　　④ 64

✿**TIP**　홀수 번째는 ×4, 짝수 번째는 +3의 규칙을 갖는다.


**9**

| 2　4　6　4　(　)　12　6　12　18　8　16　24 |

① 6　　　　　　　　　　　② 7

③ 8　　　　　　　　　　　④ 9

✿**TIP**　(2 4 6)→2의 배수
　　　　(4 8 12)→4의 배수
　　　　(6 12 18)→6의 배수
　　　　(8 16 24)→8의 배수

**10**

| 22 49 29  32 62 6  51 35 ( )  64 9 27 |

① 10　　　　　　　　　　　　　　　　② 14

③ 22　　　　　　　　　　　　　　　　④ 38

✫**TIP** 밑줄친 세 개의 숫자를 합하면 100이 나온다.

22+49+29=100

32+62+6=100

51+35+( )=100

64+9+27=100

**11**

$$\frac{1}{3} \quad \frac{2}{9} \quad \frac{4}{27} \quad ( \quad ) \quad \frac{16}{243}$$

① $\dfrac{5}{66}$　　　　　　　　　　　　② $\dfrac{6}{61}$

③ $\dfrac{7}{57}$　　　　　　　　　　　　④ $\dfrac{8}{81}$

✫**TIP** 분자는 2가 곱해지고 있으며, 분모는 3이 곱해지고 있다.

✍**ANSWER** 〉 7.①　8.①　9.③　10.②　11.④

**12**

$$1 \quad \frac{2}{4} \quad \frac{3}{10} \quad ( \quad ) \quad \frac{5}{31} \quad \frac{6}{46}$$

① $\frac{4}{19}$　　　　　　　　② $\frac{4}{20}$

③ $\frac{4}{21}$　　　　　　　　④ $\frac{4}{22}$

✡ **TIP** 분자에는 1이 계속 더해지고 있고, 분모에는 3의 배수가 더해지고 있다.

**13**

$$3 \quad 5 \quad 9 \quad 17 \quad 33 \quad 65 \quad ( \quad )$$

① 43　　　　　　　　② 82

③ 119　　　　　　　　④ 129

✡ **TIP** $2^n + 1$에서 $n$에 1부터 차례대로 대입하면 된다.
$2^7 + 1 = 129$

**14**

$$10 \quad 70 \quad 11 \quad 67 \quad 13 \quad 64 \quad 16 \quad 61 \quad 20 \quad ( \quad )$$

① 24　　　　　　　　② 35

③ 49　　　　　　　　④ 58

✡ **TIP** 한 칸씩 건너뛰면서 보면 규칙이 보인다. 홀수 번째는 +1, +2, +3, +4의 규칙을, 짝수 번째는 −3의 규칙을 갖는다.

**15**

$$J - H - L - J - N - (\quad)$$

① J                ② K

③ L                ④ M

✦ **TIP** 문자에 숫자를 대입하여 풀면 쉽게 풀 수 있다. 각 숫자는 −2, +4의 규칙을 갖는다.

| 1 | 2 | 3 | 4 | 5 | 6 | 7 | 8 | 9 | 10 | 11 | 12 | 13 | 14 |
|---|---|---|---|---|---|---|---|---|----|----|----|----|----|
| A | B | C | D | E | F | G | H | I | J | K | L | M | N |

J(10) − H(8) − L(12) − J(10) − N(14) − L(12)

**16**

$$F - I - H - K - J - (\quad)$$

① M                ② O

③ S                ④ T

✦ **TIP** 각 문자를 숫자로 바꾸었을 때, +3, −1의 규칙을 갖는다.

**17**

C – D – G – L – (   )

① C            ② P

③ R            ④ S

✿ **TIP** 처음의 문자에서 +1, +3, +5의 순서로 변하므로 빈칸에는 앞의 글자에 7을 더한 문자가 와야 한다.

**18**

N – L – O – K – P – J – (   )

① A            ② D

③ Q            ④ Z

✿ **TIP** 문자를 알파벳 숫자로 변환한 뒤 숫자와의 차이를 보면 한 항씩 건너뛰며 +1, −1이 반복되고 있으므로 (   ) 안의 수는 17인 Q가 된다.

**19**

2 – E – 8 – K – 14 – (   )

① F            ② Q

③ U            ④ N

✿ **TIP** 알파벳 E와 K는 각각 알파벳 자리에서 5, 11자리에 위치한다. 제시된 알파벳을 호환하여 숫자로 나열해보면 2 5 8 11 14 가 되고 앞의 수보다 3씩 숫자가 더해지는 것을 확인할 수 있다. 따라서 다음에 들어갈 수는 17이므로 알파벳 17번째 자리인 Q가 답이 된다.

**20**

$$\neg - \sqsubset - \sqsupseteq - \circ - \curlywedge - \pi - (\quad)$$

① ㅈ             ② ㅊ

③ ㅋ             ④ ㅌ

✿ **TIP** 한글 자음의 순서에 숫자를 대입하면 다음과 같다.

| 1 | 2 | 3 | 4 | 5 | 6 | 7 | 8 | 9 | 10 | 11 | 12 | 13 | 14 |
|---|---|---|---|---|---|---|---|---|----|----|----|----|----|
| ㄱ | ㄴ | ㄷ | ㄹ | ㅁ | ㅂ | ㅅ | ㅇ | ㅈ | ㅊ | ㅋ | ㅌ | ㅍ | ㅎ |

ㄱ(1) – ㄷ(3) – ㄹ(4) – ㅇ(8) – ㅅ(7) – ㅍ(13) – ( ? )

홀수번째는 3이 증가하고 있고 짝수번째는 5가 증가하고 있다.

**21**

$$\neg - \ni - \curlywedge - \mapsto - \circ - (\quad)$$

① ㄴ             ② ㄷ

③ ㅂ             ④ ㅇ

✿ **TIP** 처음 문자에 10이 더해진 후 2씩 줄어들고 있다.

**22**

$$\pi - \sqsubset - \curlywedge - \circ - (\quad) - \sqsupseteq - \neg$$

① ㅁ             ② ㅂ

③ ㅅ             ④ ㅇ

✿ **TIP** ㅍ(13) – ㅌ(12) – ㅈ(9) – ㅇ(8) – ( ? ) – ㄹ(4) – ㄱ(1)

–1, –3이 반복된다. 따라서 빈칸에 들어갈 문자는 8 – 3 = 5(ㅁ)이다.

## 23

ㅅ－ㅂ－ㅇ－ㅁ－ㅈ－ㄹ－(   )

① ㅎ                         ② ㅍ

③ ㅊ                         ④ ㄱ

✿ **TIP**   ㅅ(7) － ㅂ(6) － ㅇ(8) － ㅁ(5) － ㅈ(9) － ㄹ(4) － (   )
－1, +2, －3, +4, －5, +6으로 변화하고 있다. 따라서 빈칸에는 ㅊ이 들어가야 한다.

▌24~25 ▌ 주어진 규칙이 다음과 같을 때, '?' 안의 숫자의 합을 구하시오.

## 24

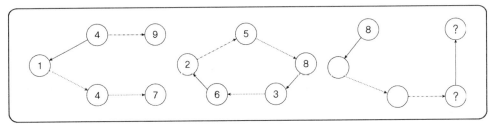

① 20                        ② 18.5

③ 15                        ④ 13.5

✿ **TIP**   ------→ ×2+1
                  ──────→ ÷2－1
                  ┈┈┈┈→ ＋3
8÷2－1＝3
3＋3＝6
6×2＋1＝13
13÷2－1＝5.5
∴13＋5.5＝18.5

**25**

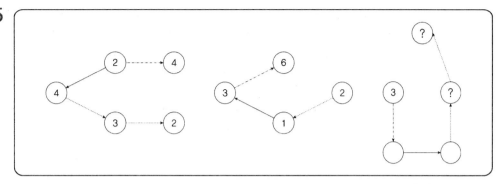

① 7

② 9

③ 11

④ 13

✩ **TIP**

$\xrightarrow{\hspace{2cm}} \times 2$

$\xrightarrow{\hspace{2cm}} +2$

$\cdots\cdots\cdots\rightarrow -1$

$3 \times 2 = 6$

$6 + 2 = 8$

$8 - 1 = 7$

$7 - 1 = 6$

$\therefore 7 + 6 = 13$

👍ANSWER 〉 **23.③  24.②  25.④**

**|26~30|** 다음 숫자들의 나열에서 공통점을 찾아 빈칸 물음표에 들어갈 알맞은 숫자를 선택하시오,

**26**

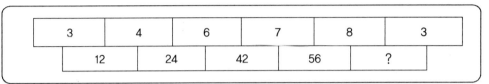

| 3 | 4 | 6 | 7 | 8 | 3 |
|---|---|---|---|---|---|
| | 12 | 24 | 42 | 56 | ? |

① 12　　　　　　　　　② 24

③ 36　　　　　　　　　④ 48

✫ **TIP**

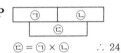

ⓒ = ㉠ × ㉡　　∴ 24

**27**

| 6 | 8 | 14 |
|---|---|---|
| 82 | 35 | 117 |
| 27 | 28 | ? |

① 49　　　　　　　　　② 52

③ 55　　　　　　　　　④ 60

✫ **TIP** 3열의 각 행의 숫자들은 1열의 숫자와 2열의 숫자를 더한 값이다. 따라서 27+28=55이다.

**28**

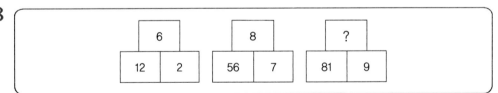

① 9　　　　　　　　　② 11

③ 13　　　　　　　　　④ 15

✫ **TIP**

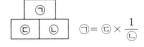

㉠ = ⓒ × $\frac{1}{㉡}$

**29**

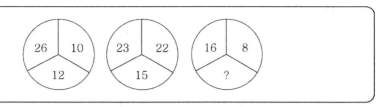

① 8

② 10

③ 12

④ 14

★TIP   $©=\dfrac{⊙+©}{3}$

**30**

| 4 | 5 | 13 | 7 |
|---|---|---|---|
| 8 | 11 | 6 | 19 |
| 2 | 2 | 8 | 34 |
| 30 | 53 | 70 | ? |

① 99

② 100

③ 101

④ 102

★TIP  각 열에서 1행의 숫자와 2행의 숫자를 곱한 다음 3행의 숫자를 빼면 4행의 숫자가 나온다.

## 〉〉 자료해석

**▌1~3 ▌** 다음은 어느 국가의 전기요금표이다. 다음을 보고 물음에 답하시오.

### 〈표1〉 주택용 전력요금

| 기본요금(원/호) | | 전력량요금(원/kWh) | |
|---|---|---|---|
| 100kWh이하 사용 | 400 | 처음 100kWh까지 | 60 |
| 101~200kWh 사용 | 900 | 다음 100kWh까지 | 120 |
| 201~300kWh 사용 | 1,500 | 다음 100kWh까지 | 180 |
| 301~400kWh 사용 | 4,000 | 다음 100kWh까지 | 280 |
| 401~500kWh 사용 | 7,000 | 다음 100kWh까지 | 400 |
| 500kWh초과 사용 | 13,000 | 500kWh 초과 | 700 |

※ 주택용 전력은 계절 구분 없이 동일한 요금적용

※ 250kWh를 사용한 경우 당월 사용량에 따른 총 전력량요금은 $100 \times 60 + 100 \times 120 + 50 \times 180 = 27,000$ 임

### 〈표2〉 교육용 · 산업용 · 일반용 전력요금

| 구분 | 기본요금 (원/kW) | 전력량요금(원/kWh) | | |
|---|---|---|---|---|
| | | 여름철 | 봄 · 가을철 | 겨울철 |
| 교육용 | 5,500 | 100 | 60 | 80 |
| 산업용 | 6,000 | 90 | 60 | 90 |
| 일반용 | 7,000 | 110 | 70 | 100 |

※ 여름철 : 6~8월 / 봄 · 가을철 : 3~5월, 9월~10월 / 겨울철 : 11월~익년 2월

### 〈정보〉

- 주택용, 교육용, 산업용, 일반용 고객의 분류
- 주택용 : 주택, 아파트, 주거용 사회복지시설, 주거용 오피스텔
- 교육용 : 초 · 중 · 고교, 대학교, 박물관, 도서관
- 산업용 : 제조업 용도로 사용하는 공장
- 일반용 : 주택용, 교육용, 산업용이 아닌 용도
- 요금 계산방법
- 주택용 요금＝전월 사용량에 따른 기본요금＋당월 사용량에 따른 총 전력량요금
- 교육 · 산업 · 일반용 요금＝(기본요금×요금적용전력)＋(전력량요금×전력사용량)

**1** 요금적용전력이 50kW이고 2017년 6월에 650kWh를 사용한 도서관의 전기요금을 구하면?

① 340,000원  ② 355,000원
③ 370,000원  ④ 385,000원

　★TIP　$(5,500 \times 50) + (100 \times 650) = 340,000$원

**2** 2017년 5월에 420kWh를 사용한 주택이 2017년 6월에 450kWh를 사용하였을 경우의 2017년 6월의 전기요금을 구하면?

① 90,000원  ② 91,000원
③ 92,000원  ④ 93,000원

　★TIP　$7,000 + (100 \times 60 + 100 \times 120 + 100 \times 180 + 100 \times 280 + 50 \times 400) = 91,000$원

**3** 요금전용전력이 40kW이고 매월 900kWh를 사용하는 구두공장의 2016년 12월 전기요금을 구하면?

① 320,000원  ② 321,000원
③ 322,000원  ④ 323,000원

　★TIP　$(6,000 \times 40) + (90 \times 900) = 321,000$원

ANSWER 〉 1.① 2.② 3.②

02. 수리영역 》 69

**| 4~5 |** 다음은 제18대 국회의 처리의안에 관한 자료이다. 다음을 보고 물음에 답하시오.

(단위 : 건)

| 의안＼구분 | 접수 | 처리 | 가결 계 | 가결 원안 | 가결 수정 | 부결 계 | 폐기 계 | 폐기 대안반영폐기 | 폐기 단순폐기 | 철회 계 |
|---|---|---|---|---|---|---|---|---|---|---|
| 예산안 등 | 33 | 33 | 33 | 12 | 21 | 0 | 0 | 0 | 0 | 0 |
| 결산 등 | 6 | 6 | 6 | 6 | 0 | 0 | 0 | 0 | 0 | 0 |
| 법률안 의원발의 | 12,220 | 12,220 | 1,663 | 1,265 | 398 | 5 | 10,049 | 3,227 | 6,822 | 503 |
| 법률안 정부제출 | 1,693 | 1,693 | 690 | 369 | 321 | 2 | 996 | 598 | 398 | 5 |
| 법률안 총계 | 13,913 | 13,913 | 2,353 | 1,634 | 719 | 7 | 11,045 | 3,825 | 7,220 | 508 |
| 동의(승인)안 | 210 | 210 | 181 | 177 | 4 | 0 | 18 | 0 | 18 | 11 |
| 결의안 일반 | 399 | 399 | 234 | 219 | 15 | 0 | 159 | 20 | 139 | 6 |
| 결의안 감사청구안 | 20 | 20 | 12 | 11 | 1 | 0 | 8 | 0 | 8 | 0 |
| 결의안 총계 | 419 | 419 | 246 | 230 | 16 | 0 | 167 | 20 | 147 | 6 |
| 건의안 | 5 | 5 | 0 | 0 | 0 | 0 | 5 | 0 | 5 | 0 |
| 규칙안 | 12 | 12 | 7 | 7 | 0 | 0 | 4 | 0 | 4 | 1 |
| 기타안 | 164 | 164 | 105 | 105 | 0 | 1 | 39 | 0 | 39 | 19 |
| 계 | 14,762 | 14,762 | 2,931 | 2,171 | 760 | 8 | 11,278 | 3,845 | 7,433 | 545 |

※ 가결율 $= \dfrac{\text{가결건수}}{\text{처리건수}} \times 100$

※ 부결율 $= \dfrac{\text{부결건수}}{\text{처리건수}} \times 100$

※ 폐기율 $= \dfrac{\text{폐기건수}}{\text{처리건수}} \times 100$

**4** 의원발의 법률안의 가결율을 구하면? (단, 소수 둘째자리에서 반올림한다)

① 11.6%  ② 12.6%

③ 13.6%  ④ 14.6%

✯ **TIP** $\dfrac{1,663}{12,220} \times 100 = 13.6\%$

**5** 정부제출 법률안의 폐기율을 구하면? (단, 소수 둘째자리에서 반올림한다)

① 50.8%                    ② 54.8%

③ 58.8%                    ④ 62.8%

✷ **TIP**  $\dfrac{996}{1,693} \times 100 = 58.8\%$

**6** 다음 표는 어느 회사의 공장별 제품 생산 및 판매 실적에 대한 자료이다. 이에 대한 설명으로 옳지 않은 것은?

(단위 : 대)

| 공장 | 2016년 12월 | 2016년 전체 | |
|---|---|---|---|
| | 생산 대수 | 생산 대수 | 판매 대수 |
| A | 25 | 586 | 475 |
| B | 21 | 780 | 738 |
| C | 32 | 1,046 | 996 |
| D | 19 | 1,105 | 1,081 |
| E | 38 | 1,022 | 956 |
| F | 39 | 1,350 | 1,238 |
| G | 15 | 969 | 947 |
| H | 18 | 1,014 | 962 |
| I | 26 | 794 | 702 |

※ 2017년 1월 1일 기준 재고 수＝2016년 전체 생산 대수−2016년 전체 판매 대수

※ 판매율(%) ＝ $\dfrac{\text{판매 대수}}{\text{생산 대수}} \times 100$

※ 2016년 1월 1일부터 제품을 생산·판매하였음

① 2017년 1월 1일 기준 재고 수가 가장 적은 공장은 G공장이다.

② 2017년 1월 1일 기준 재고 수가 가장 많은 공장의 2016년 전체 판매율은 90% 이상이다.

③ 2016년 12월 생산 대수가 가장 많은 공장과 2017년 1월 1일 기준 재고 수가 가장 많은 공장은 동일하다.

④ I공장의 2016년 전체 판매율은 90% 이상이다.

✷ **TIP**  ④ I공장의 2016년 전체 판매율 : $\dfrac{702}{794} \times 100 = 88.4\%$

👍ANSWER 〉 4.③  5.③  6.④

**7** 다음은 우리나라의 시·군 중 올해 경지 면적, 논 면적, 밭 면적 상위 5개 시·군에 관한 표이다. 이에 대한 설명으로 옳지 않은 것은?

(단위 : ha)

| 구분 | 순위 | 시·군 | 면적 |
|------|------|-------|------|
| 경지 면적 | 1 | 해남군 | 35,369 |
| | 2 | 제주시 | 31,585 |
| | 3 | 서귀포시 | 31,271 |
| | 4 | 김제시 | 28,501 |
| | 5 | 서산시 | 27,285 |
| 논 면적 | 1 | 김제시 | 23,415 |
| | 2 | 해남군 | 23,042 |
| | 3 | 서산시 | 21,730 |
| | 4 | 당진시 | 21,726 |
| | 5 | 익산시 | 19,067 |
| 밭 면적 | 1 | 제주시 | 31,577 |
| | 2 | 서귀포시 | 31,246 |
| | 3 | 안동시 | 13,231 |
| | 4 | 해남군 | 12,327 |
| | 5 | 상주시 | 11,047 |

※ 경지면적 = 논 면적 + 밭 면적
※ 순위는 면적이 큰 시·군부터 순서대로 부여함

① 해남군의 경지 면적은 상주시의 밭 면적의 3배 이상이다.

② 김제시는 해남군보다 밭 면적은 작지만 논 면적은 크다.

③ 해남군은 세 부분에서 모두 5위 안에 들었다.

④ 제주시 논 면적은 서귀포시 논 면적보다 크다.

✫ **TIP** 제주시 논 면적 : 31,585 - 31,577 = 8
서귀포시 논 면적 : 31,271 - 31,246 = 25
따라서 제주시 논 면적은 서귀포시 논 면적보다 작다.

**8** 다음은 11개 전통건축물의 공포양식과 주요 구조물의 치수에 대한 조사 자료이다. 이에 대한 설명 중 옳은 것은?

(단위 : 척)

| 명칭 | 현 소재지 | 공포양식 | 기둥 지름 | 처마서까래 지름 | 부연 | |
|---|---|---|---|---|---|---|
| | | | | | 폭 | 높이 |
| 숭례문 | 서울 | 다포 | 1.80 | 0.60 | 0.40 | 0.50 |
| 관덕정 | 제주 | 익공 | 1.50 | 0.50 | 0.25 | 0.30 |
| 봉정사 화엄강당 | 경북 | 주심포 | 1.50 | 0.55 | 0.40 | 0.50 |
| 문묘 대성전 | 서울 | 다포 | 1.75 | 0.55 | 0.35 | 0.45 |
| 창덕궁 인정전 | 서울 | 다포 | 2.00 | 0.70 | 0.40 | 0.60 |
| 남원 광한루 | 전북 | 익공 | 1.40 | 0.60 | 0.55 | 0.55 |
| 화엄사 각황전 | 전남 | 다포 | 1.82 | 0.70 | 0.50 | 0.60 |
| 창의문 | 서울 | 익공 | 1.40 | 0.50 | 0.30 | 0.40 |
| 장곡사 상대웅전 | 충남 | 주심포 | 1.60 | 0.60 | 0.40 | 0.60 |
| 무량사 극락전 | 충남 | 다포 | 2.20 | 0.80 | 0.35 | 0.50 |
| 덕수궁 중화전 | 서울 | 다포 | 1.70 | 0.70 | 0.40 | 0.50 |

① 서울에 있는 건축물은 모두 다포식으로 지어졌다.
② 11개 건축물의 최대 기둥 지름은 2.00척이다.
③ 11개 건축물의 부연은 높이가 폭보다 크다.
④ 각 건축물의 기둥 지름 대비 처마서까래 지름 비율은 0.50을 넘지 않는다.

✿ **TIP** ① 창의문은 익공식으로 지어졌다.
② 11개 건축물의 기둥 지름이 가장 큰 건축물은 무량사 극락전으로 2.20척이다.
③ 남원 광한루는 부연의 높이와 폭이 같다.

👍 ANSWER 〉 7.④  8.④

**9~10** 다음 표는 향기관련 특허출원에 대한 국적별 동향을 보여주는 자료이다. 물음에 답하시오.

### 〈표1〉 전체 향기관련 특허출원 동향

(단위 : 건)

| 연도<br>국적 | 1989<br>~2000 | 2001<br>~2005 | 2006 | 2007 | 2008 | 2009 | 2010 | 2011 | 2012 | 합계 |
|---|---|---|---|---|---|---|---|---|---|---|
| 내국인 | 11 | 23 | 8 | 12 | 35 | 46 | 59 | 60 | 49 | 303 |
| 외국인 | 22 | 34 | 7 | 14 | 24 | 36 | 32 | 34 | 47 | 250 |

### 〈표2〉 기술별 향기관련 특허출원 동향

(단위 : 건)

| 기술 | 연도<br>국적 | 1989<br>~2000 | 2001<br>~2005 | 2006 | 2007 | 2008 | 2009 | 2010 | 2011 | 2012 | 합계 |
|---|---|---|---|---|---|---|---|---|---|---|---|
| 향기<br>물질 | 내국인 | 2 | 6 | 3 | 2 | 4 | 4 | 2 | 3 | 2 | 28 |
| | 외국인 | 13 | 17 | 3 | 2 | 3 | 3 | 7 | 2 | 2 | 52 |
| | 소 계 | 15 | 23 | 6 | 4 | 7 | 7 | 9 | 5 | 4 | 80 |
| 향기<br>지속<br>기술 | 내국인 | 2 | 8 | 4 | 6 | 8 | 13 | 15 | 23 | 18 | 97 |
| | 외국인 | 3 | 9 | 2 | 2 | 4 | 14 | 9 | 10 | 13 | 66 |
| | 소 계 | 5 | 17 | 6 | 8 | 12 | 27 | 24 | 33 | 31 | 163 |
| 응용<br>제품 | 내국인 | 2 | 8 | 1 | 3 | 21 | 29 | 39 | 32 | 27 | 162 |
| | 외국인 | 5 | 5 | 2 | 9 | 17 | 18 | 13 | 21 | 30 | 120 |
| | 소 계 | 7 | 13 | 3 | 12 | 38 | 47 | 52 | 53 | 57 | 282 |
| 기타 | 내국인 | 5 | 1 | 0 | 1 | 2 | 0 | 3 | 2 | 2 | 16 |
| | 외국인 | 1 | 3 | 0 | 1 | 0 | 1 | 3 | 1 | 2 | 12 |
| | 소 계 | 6 | 4 | 0 | 2 | 2 | 1 | 6 | 3 | 4 | 28 |

### 〈표3〉 향기지속기술 특허출원 동향

(단위 : 건)

| 구분 | 방향제코팅기술 | 분산기술 | 제조공정 | 기타 | 합계 |
|---|---|---|---|---|---|
| 내국인 | 37 | 15 | 10 | 35 | 97 |
| 외국인 | 22 | 14 | 14 | 16 | 66 |

**9** 다음 설명 중 옳은 것을 모두 고른 것은?

> ㉠ 2008년 이후 전체 향기관련 내국인의 특허출원건수는 외국인의 특허출원건수보다 많다.
> ㉡ 향기지속기술 특허출원에서 방향제코팅기술의 특허출원건수가 전체 향기지속기술 특허출원건수의 35 % 이상을 차지하고 있다.
> ㉢ 2007년 이후 전체 향기관련 특허출원건수가 전년대비 100 % 이상 증가한 적이 있다.
> ㉣ 2007년 이후 향기관련 응용제품의 전년대비 특허출원 건수의 증가율은 2008년에 가장 높다.

① ㉠㉢　　　　　　　　　　　　　② ㉡㉣

③ ㉠㉡㉢　　　　　　　　　　　　④ ㉡㉢㉣

✯**TIP** ㉣ 2007년이 전년대비 특허출원 건수의 증가율이 가장 높다.


**10** 향기지속기술 특허출원 동향에서 외국인의 분산기술 특허출원은 외국인의 특허출원 총건수의 얼마를 차지하는가? (단 소수점 둘째자리에서 반올림한다)

① 19.8%　　　　　　　　　　　　② 20.1%

③ 20.8%　　　　　　　　　　　　④ 21.2%

✯**TIP** $\dfrac{14}{66} \times 100 = 21.2121 \cdots\cdots$

✐ANSWER 〉 9.③　10.④

**11** 다음 표에서 'B+C'의 값을 구하면?

| 계급 | 도수 | 상대도수 |
|---|---|---|
| 10 ~ 20 | 10 | 0.1 |
| 20 ~ 30 | 25 | A |
| 30 ~ 40 | B | 0.3 |
| 40 ~ 50 | C | D |

① 50

② 55

③ 60

④ 65

✿ **TIP**　$10 : 0.1 = 25 : A$

$\therefore A = 0.25$

$10 : 0.1 = B : 0.3$

$\therefore B = 30$

$1 - 0.1 - 0.25 - 0.3 = 0.35$

$\therefore D = 0.35$

$10 : 0.1 = C : 0.35$

$\therefore C = 35$

$\therefore B + C = 30 + 35 = 65$

**12** 다음 자료는 연도별 국제협력기금 조성액 현황이다. 이에 대한 설명 중 옳지 않은 것은?

(단위 : 백만원)

| 연도 | 정부출연금 | 정부외 출연금 | 공자기금 예수금 | 운용수익 | 총 조성액 |
|---|---|---|---|---|---|
| 2013 | 105,500 | 3 | 530,000 | 162,300 | 797,803 |
| 2012 | 112,800 | 2 | 400,000 | 51,236 | 564,038 |
| 2011 | 0 | 2 | 104,400 | 38,276 | 142,678 |
| 2010 | 0 | 0 | 875,000 | 51,238 | 926,238 |
| 2009 | 0 | 56 | 81,000 | 74,354 | 155,410 |
| 2008 | 650,000 | 52 | 147,500 | 49,274 | 846,826 |
| 2007 | 500,000 | 75 | 584,591 | 38,859 | 1,123,525 |
| 2006 | 650,000 | 15 | 940,000 | 36,619 | 1,626,634 |
| 2005 | 500,000 | 33 | 460,000 | 31,178 | 991,211 |

① 2009~2011년 정부출연금은 0원이다.

② 운용수익은 해마다 증가하고 있다.

③ 총 조성액이 가장 큰 해는 2006년이다.

④ 2013년 총 조성액 중 공자기금 예수금이 가장 큰 비중을 차지한다.

✷**TIP** ② 운용수익은 2009년까지 증가하다가 2010년, 2011년에 감소하였다.

**‖13~14‖ 다음은 어느 렌트카 회사의 차량사용료 표이다. 물음에 답하시오.**

| 구분 | 기본 사용료 | 연장료 |
|------|------------|--------|
| A코스 | 12시간까지 15,000원 | 이후 1시간마다 1,000원 |
| B코스 | 24시간까지 18,000원 | 이후 1시간마다 1,300원 |

**13** A코스를 선택한 사람이 렌트 후 14시간 18분만에 차고로 들어왔다. 이 때 지불액은 얼마인가?

① 15,000원                    ② 17,000원

③ 18,000원                    ④ 18,600원

✿**TIP** 12시간 이후에 추가 3시간을 더 사용했으므로
$15,000 + (1,000 \times 3) = 18,000$(원)

**14** B코스를 선택한 사람이 오전 10시에 렌트 후 다음날 오후 8시 30분에 차고로 들어왔다. 이 때 지불액은 얼마인가?

① 14,300원                    ② 15,600원

③ 28,700원                    ④ 32,300원

✿**TIP** 기본 24시간 이후에 추가 10시간 30분을 더 사용했으므로
$18,000 + (1,300 \times 11) = 32,300$(원)

**15** 다음 자료는 동일한 산업에 속한 A~D 기업의 경영현황에 관한 것이다. 자기자본 대비 자산 비율이 가장 큰 기업은?

(단위 : 억원)

| 기업 | 자기자본 | 자산 | 매출액 | 순이익 |
|------|---------|------|--------|--------|
| A | 500 | 1,200 | 1,200 | 48 |
| B | 400 | 600 | 800 | 80 |
| C | 1,200 | 2,400 | 1,800 | 72 |
| D | 600 | 1,200 | 1,000 | 36 |

① A            ② B

③ C            ④ D

✦ **TIP**
   ① A : $\dfrac{1,200}{500} = 2.4$

   ② B : $\dfrac{600}{400} = 1.5$

   ③ C : $\dfrac{2,400}{1,200} = 2$

   ④ D : $\dfrac{1,200}{600} = 2$

**16** 다음은 2010년 기준 주요 국가별 담배에 관한 자료이다. 이에 대한 설명으로 옳은 것을 모두 고르면?

(단위 : 달러, %)

| 국가 | 담배가격 | 담배 관련 세금 비율 | 흡연율(15세 이상) | | |
|---|---|---|---|---|---|
| | | | 여성 | 남성 | 전체 |
| 노르웨이 | 13.30 | 72 | 19.0 | 19.0 | 19.0 |
| 아일랜드 | 11.14 | 79 | 27.0 | 31.0 | 29.0 |
| 호주 | 10.77 | 64 | 13.9 | 16.4 | 15.1 |
| 영국 | 9.80 | 77 | 20.7 | 22.3 | 21.5 |
| 뉴질랜드 | 8.19 | 72 | 17.0 | 19.3 | 18.1 |
| 프랑스 | 7.30 | 69 | 20.7 | 26.4 | 23.3 |
| 스웨덴 | 6.91 | 72 | 15.1 | 12.8 | 14.0 |
| 미국 | 5.72 | 45 | 13.6 | 16.7 | 15.1 |
| 이탈리아 | 4.82 | 75 | 17.1 | 29.6 | 23.1 |
| 일본 | 3.47 | 63 | 8.4 | 32.2 | 19.5 |
| 체코 | 3.31 | 79 | 19.4 | 30.0 | 24.6 |
| 멕시코 | 2.37 | 63 | 6.5 | 21.6 | 13.3 |
| 한국 | 2.11 | 62 | 5.2 | 40.8 | 22.9 |

> ㉠ 담배가격이 높은 국가일수록 담배 관련 세금 비율도 높다.
> ㉡ 담배가격이 한국의 5배 이상인 국가는 노르웨이, 아일랜드, 호주이다.
> ㉢ 담배가격이 높은 국가일수록 15세 이상 흡연율은 낮다.
> ㉣ 미국을 제외한 12개 국가들은 담배 관련 세금 비율이 50%를 넘는다.

① ㉠㉡  
② ㉠㉣  
③ ㉡㉢  
④ ㉡㉣

✿ **TIP** ㉠ 노르웨이가 아일랜드보다 담배가격은 높으나, 담배 관련 세금비율은 낮다.
　　　 ㉢ 아일랜드가 호주보다 담배가격이 높으며 흡연율 또한 높다.

**17** 다음 자료는 A회사의 버스 종류별 1대당 1일 총운송비용을 나타낸 자료이다. 이에 대한 설명으로 옳지 않은 것은?

(단위 : 원)

| 부문 | 항목 | 일반버스 | 굴절버스 | 저상버스 |
|---|---|---|---|---|
| 가동비 | 운전직 인건비 | 331,400 | 331,400 | 331,400 |
| | 연료비 | 104,649 | 160,709 | 133,133 |
| | 타이어비 | 3,313 | 8,282 | 4,306 |
| | 소계 | 439,362 | 500,391 | 468,839 |
| 보유비 | 관리직 인건비 | 42,638 | 42,638 | 42,638 |
| | 차량보험료 | 16,066 | 21,641 | 16,066 |
| | 차량 감가상각비 | 23,944 | 104,106 | 24,057 |
| | 차고지비 | 3,029 | 4,544 | 3,029 |
| | 기타관리비 | 40,941 | 40,941 | 40,941 |
| | 정비비 | 9,097 | 45,484 | 13,645 |
| | 소계 | 135,715 | 259,354 | 140,376 |
| 총운송비용 | | 575,077 | 759,745 | 609,215 |

① 버스의 종류와 상관없이 기타관리비와 인건비는 동일하다.
② 일반버스와 굴절버스 간의 운송항목 비용 중 비용 차이가 가장 큰 항목은 연료비이다.
③ 굴절버스는 다른 버스 종류에 비해 총운송비용에서 보유비가 차지하는 비중이 크다.
④ 굴절버스 정비비는 일반버스 정비비의 5배이다.

✯**TIP** ② 일반버스와 굴절버스 간의 운송항목 비용 중 비용 차이가 가장 큰 항목은 차량 감가상각비이다.

**18** 다음 표는 4개 기업의 사원 모집 정원에 관한 자료이다. 신입사원으로 선발하는 인원이 경력 사원으로 선발하는 인원보다 많은 기업은 어디인가?

〈표1〉 계열별 정원

(단위 : 명)

| 구분 | 전체 | 인문계열 | 공학계열 |
|---|---|---|---|
| A기업 | 5,600 | 2,400 | 3,200 |
| B기업 | 4,100 | 2,200 | 1,900 |
| C기업 | 5,100 | 2,700 | 2,400 |
| D기업 | 7,800 | 3,500 | 4,300 |

〈표2〉 모집 방법별 정원

(단위 : 명)

| 구분 | 신입사원 | | 경력사원 | |
|---|---|---|---|---|
| | 인문계열 | 공학계열 | 인문계열 | 공학계열 |
| A기업 | 1,200 | 1,600 | 1,200 | 1,600 |
| B기업 | 560 | 420 | 1,640 | 1,480 |
| C기업 | 700 | 660 | 2,000 | 1,740 |
| D기업 | 2,300 | 2,800 | 1,200 | 1,500 |

① A기업  ② B기업
③ C기업  ④ D기업

✵**TIP** ① 신입사원 : $1,200 + 1,600 = 2,800$
경력사원 : $1,200 + 1,600 = 2,800$
② 신입사원 : $560 + 420 = 980$
경력사원 : $1,640 + 1,480 = 3,120$
③ 신입사원 : $700 + 660 = 1,360$
경력사원 : $2,000 + 1,740 = 3,740$
④ 신입사원 : $2,300 + 2,800 = 5,100$
경력사원 : $1,200 + 1,500 = 2,700$

**19** 다음은 2010년 코리아 그랑프리대회 기록이다. 1위의 기록이 2시간 48분 20초일 때 대회기록이 2시간 48분 59초 이내인 드라이버는 모두 몇 명인가?

| 드라이버 | 1위 와의 기록차이(초) |
|---|---|
| 알론소 | 0 |
| 해밀턴 | + 14.9 |
| 마사 | + 30.8 |
| 슈마허 | + 39.6 |
| 쿠비차 | + 47.7 |
| 리우찌 | + 53.5 |
| 바리첼로 | + 69.2 |
| 가우이 | + 77.8 |
| 하펠트 | + 80.1 |
| 칼버그 | + 80.8 |

① 1명　　　　　　　　　② 2명
③ 3명　　　　　　　　　④ 4명

✦**TIP** 1위와의 기록이 39초 이하로 차이가 나야 한다. 따라서 알론소, 해밀턴, 마사 3명이다.

**20** 다음은 국내 주류 출고현황에 관한 자료이다. 이에 대한 설명으로 옳지 않은 것은?

(단위 : kl)

| 구분 / 연도 | 탁주 | 약주 | 맥주 | 청주 | 과실주 | 소주 | 위스키 | 브랜디 |
|---|---|---|---|---|---|---|---|---|
| 2004 | 161,666 | 49,919 | 1,991,549 | 23,249 | 18,125 | 927,919 | 9,919 | 270 |
| 2005 | 166,319 | 45,033 | 1,837,655 | 22,023 | 39,412 | 929,414 | 32,705 | 1,377 |
| 2006 | 170,165 | 42,873 | 1,880,049 | 20,638 | 45,046 | 959,061 | 31,513 | 1,491 |
| 2007 | 172,370 | 33,288 | 1,982,697 | 19,164 | 61,127 | 963,064 | 34,741 | 1,626 |
| 2008 | 176,398 | 27,374 | 2,058,550 | 19,296 | 56,015 | 1,004,099 | 31,059 | 1,350 |

① 2004~2008년 동안 매년 출고량이 증가하는 주류는 탁주와 소주뿐이다.
② 2005년 과실주 출고량의 전년 대비 증가율은 200% 이상이다.
③ 2004~2008년 동안 약주의 출고량은 매년 감소하였다.
④ 2008년 맥주의 출고량은 소주의 출고량의 2배 이상이다.

✦ **TIP** ② 2005년 과실주 출고량의 전년 대비 증가율 : $\dfrac{39,412-18,125}{18,125}\times100=117.4\%$

**21** 다음은 박사학위 취득자 중 취업자의 고용형태별 직장유형 구성 비율에 관한 표이다. 다음 빈 칸에 들어갈 숫자가 바르게 나열된 것은?

(단위 : %)

| 직장유형 \ 고용형태 | 전체 | 정규직 | 비정규직 |
|---|---|---|---|
| 대학 | ( ㉠ ) | 9.3 | 81.1 |
| 민간기업 | 24.9 | 64.3 | 1.2 |
| 공공연구소 | 10.3 | ( ㉡ ) | 11.3 |
| 민간연구소 | 3.3 | 6.4 | 1.5 |
| 정부·지자체 | 1.9 | 2.4 | ( ㉢ ) |
| 기타 | 5.4 | 9.1 | 3.2 |
| 계 | 100.0 | 100.0 | 100.0 |

① ㉠ 53.7  ㉡ 7.6  ㉢ 1.2
② ㉠ 54.2  ㉡ 8.5  ㉢ 1.7
③ ㉠ 55.9  ㉡ 9.5  ㉢ 2.7
④ ㉠ 57.2  ㉡ 10.5  ㉢ 2.7

**22** 다음 자료는 2006~2010년 K국의 가구당 월평균 교육비 지출액에 대한 자료이다. 이에 대한 설명으로 옳은 것은?

(단위 : 원)

| 유형＼연도 | | 2006 | 2007 | 2008 | 2009 | 2010 |
|---|---|---|---|---|---|---|
| 정규<br>교육비 | 초등교육비 | 14,730 | 13,255 | 16,256 | 17,483 | 17,592 |
| | 중등교육비 | 16,399 | 20,187 | 22,809 | 22,880 | 22,627 |
| | 고등교육비 | 47,841 | 52,060 | 52,003 | 61,430 | 66,519 |
| | 소계 | 78,970 | 85,502 | 91,068 | 101,793 | 106,738 |
| 학원<br>교육비 | 학생교육비 | 128,371 | 137,043 | 160,344 | 167,517 | 166,959 |
| | 성인교육비 | 7,798 | 9,086 | 9,750 | 9,669 | 9,531 |
| | 소계 | 136,169 | 146,129 | 170,094 | 177,186 | 176,490 |
| 기타 교육비 | | 7,203 | 9,031 | 9,960 | 10,839 | 13,574 |
| 전체 교육비 | | 222,342 | 240,662 | 271,122 | 289,818 | 296,802 |

① 정규교육비와 학원교육비 모두 매년 증가하고 있다.

② 정규교육비에서 고등교육비가 차지하는 비중은 매년 60% 이상이다.

③ 전체 교육비에서 정규교육비가 차지하는 비중은 매년 35% 이상이다.

④ 2010년 학원교육비는 2006년 대비 약 30% 증가하였다.

✿ **TIP** ① 학원교육비는 2010년에 전년대비 감소하였다.

② 2008년에는 $\dfrac{52,003}{91,068} \times 100 = 57.1\%$ 이다.

③ 2008년에는 $\dfrac{91,068}{271,122} \times 100 = 33.59\%$ 이다.

**| 23~24 |** 다음 자료는 Y지역에서 판매된 가정용 의료기기의 품목별 판매량에 관한 것이다. 다음을 보고 물음에 답하시오.

(단위 : 천개)

| 판매량 순위 | 품목 | 판매량 | 국내산 | 국외산 |
|---|---|---|---|---|
| 1 | 체온계 | 271 | 228 | 43 |
| 2 | 부항기 | 128 | 118 | 10 |
| 3 | 혈압계 | 100 | ( ㉠ ) | ( ㉡ ) |
| 4 | 혈당계 | 84 | 61 | 23 |
| 5 | 개인용 전기자극기 | 59 | 55 | 4 |
| 6위 이하 | | 261 | 220 | 41 |
| 전체 | | ( ㉢ ) | ( ㉣ ) | 144 |

**23** 위의 괄호에 알맞은 수치로 옳지 않은 것은?

① ㉠ – 77

② ㉡ – 23

③ ㉢ – 905

④ ㉣ – 759

✿ **TIP** ㉢에 들어갈 수치는 903이다.

**24** 위의 표에 대한 설명으로 옳지 않은 것은?

① 전체 가정용 의료기기 판매량 중 국내산 혈당계가 차지하는 비중은 6% 미만이다.

② 국내산 가정용 의료기기 판매량 중 체온계가 차지하는 비중은 30% 이상이다.

③ 부항기는 국내산 판매량이 국외산의 11배 이상이다.

④ 전체 가정용 의료기기 판매량 중 1~5위까지의 판매량이 전체의 70% 이상을 차지한다.

✿ **TIP** ① 국내산 혈당계가 차지하는 비중 : $\dfrac{61}{903} \times 100 = 6.75\%$

**｜25~26｜** 다음 자료는 2월 공항별 운항 및 수송현황에 관한 자료이다. 물음에 답하시오.

| 공항 \ 구분 | 운항편수(편) | 여객수(천명) | 화물량(톤) |
|---|---|---|---|
| 인천 | 20,818 | 3,076 | 249,076 |
| 김포 | 11,924 | 1,836 | 21,512 |
| 김해 | 6,406 | ( ㉠ ) | 10,279 |
| 제주 | 11,204 | 1,820 | 21,137 |
| 청주 | ( ㉡ ) | 108 | 1,582 |
| 광주 | 944 | 129 | 1,290 |
| 대구 | 771 | 121 | 1,413 |
| 전체 | 52,822 | 7,924 | 306,289 |

**25** 위의 자료에 대한 설명으로 옳지 않은 것은?

① 김포공항의 여객수와 제주항공의 여객수의 합은 인천공항의 여객수보다 많다.
② 김포공항의 화물량은 김해공항의 화물량의 2배 이상이다.
③ 인천공항의 화물량은 전체 화물량의 80% 이상을 차지한다.
④ ㉡에 들어갈 수는 655이다.

✪**TIP** ㉡ : $52,822 - 20,818 - 11,924 - 6,406 - 11,204 - 944 - 771 = 755$

**26** 위의 자료에서 ㉠에 알맞은 수는?

① 830                    ② 834
③ 838                    ④ 842

✪**TIP** ㉠ : $7,924 - 3,076 - 1,836 - 1,820 - 108 - 129 - 121 = 834$

**▌27~28 ▌** 다음은 어느 기업의 2015년 부서별 탄력근무제 활용 현황과 연가사용 현황에 관한 자료이다. 물음에 답하시오.

<표1> 부서별 탄력근무제 활용 현황

(단위 : 명, %)

| 부서＼구분 | 대상자(a) | 실시인원(b) | 탄력근무제 활용지표 (b/a×100) |
|---|---|---|---|
| 운영지원과 | 17 | 2 | ( ) |
| 감사팀 | 14 | 1 | ( ) |
| 총무과 | 12 | 2 | ( ) |
| 인사과 | 15 | 1 | ( ) |
| 전략팀 | 19 | 2 | 10.5 |
| 심사1팀 | 46 | 8 | 17.4 |
| 심사2팀 | 35 | 1 | 2.9 |
| 심사3팀 | 27 | 6 | 22.2 |
| 정보관리팀 | 15 | 2 | 13.3 |

<표2> 부서별 연가사용 현황

(단위 : 일, %)

| 부서＼구분 | 연가가능일수(a) | 연가사용일수(b) | 연가사용지표 (b/a×100) |
|---|---|---|---|
| 운영지원과 | 192 | 105 | 54.7 |
| 감사팀 | 185 | 107 | 57.8 |
| 총무과 | 249 | 137 | 55.0 |
| 인사과 | 249 | 161 | 64.7 |
| 전략팀 | 173 | 94 | 54.3 |
| 심사1팀 | 624 | 265 | ( ) |
| 심사2팀 | 684 | 359 | 52.5 |
| 심사3팀 | 458 | 235 | 51.3 |
| 정보관리팀 | 178 | 104 | 58.4 |

**27** 위의 자료에 대한 설명으로 옳지 않은 것은?

① 탄력근무제 활용지표가 가장 낮은 부서는 심사2팀이다.

② 탄력근무제 활용지표가 가장 높은 부서가 연가사용지표도 가장 높다.

③ 연가사용지표가 50% 이상이면 목표를 달성했다고 볼 때, 심사1팀은 목표를 달성하지 못했다.

④ 연가사용지표가 두 번째로 높은 부서는 정보관리팀이다.

✯**TIP** ② 탄력근무제 활용지표가 가장 높은 부서는 심사3팀이나, 연가사용지표가 가장 높은 부서는 인사과이다.


**28** 탄력근무제 활용지표가 7% 이상이면 목표를 달성했다고 볼 때, 다음 부서 중에서 목표를 달성하지 못한 부서는?

① 운영지원과 　　　　　　　　　② 감사팀

③ 총무과 　　　　　　　　　　　④ 인사과

✯**TIP** ① 11.8%
② 7.1%
③ 16.7%
④ 6.7%

**|29~30|** 다음 표는 문화재 상시관리 실적 현황에 관한 자료이다. 다음을 보고 물음에 답하시오.

(단위 : 수, 건)

| 지역 | 관리대상 | 실적<br>(=A+B+C) | 모니터링<br>(A) | 제초청소<br>(B) | 경미수리<br>(C) |
|------|------|------|------|------|------|
| 서울 | 45 | 355 | – | 270 | 85 |
| 부산 | 13 | 682 | – | 661 | 21 |
| 울산 | 86 | 524 | – | 517 | 7 |
| 세종 | 10 | 31 | – | 28 | 3 |
| 경기 | 517 | 1,219 | – | – | 1,219 |
| 강원 | 442 | 7,225 | 1,589 | 5,133 | 503 |
| 충남 | 541 | ( ) | 1,544 | 6,729 | 1,664 |
| 제주 | 169 | 3,672 | 52 | 3,463 | 157 |
| 대구 | 251 | 1,794 | 296 | 1,002 | 496 |
| 대전 | 167 | 2,336 | 231 | 1,915 | 190 |
| 광주 | 139 | 2,814 | – | 2,471 | 343 |
| 인천 | 197 | 4,964 | 201 | 4,443 | 320 |
| 충북 | 464 | ( ) | 1,229 | 3,846 | 370 |
| 경남 | 696 | ( ) | 2,930 | 2,766 | 741 |
| 경북 | 946 | ( ) | 1,199 | 2,471 | 1,664 |
| 전남 | 577 | 7,295 | 93 | 5,947 | 1,255 |
| 전북 | 402 | 6,723 | 666 | 4,421 | 1,636 |
| 합계 | 5,662 | 66,787 | 10,030 | 46,083 | 10,674 |

## 29 충남과 충북의 실적 차이는 얼마인가?

① 3,871 ② 3,938

③ 4,122 ④ 4,492

✦ **TIP** $(1,544 + 6,729 + 1,664) - (1,229 + 3,846 + 370) = 4,492$

## 30 경남과 경북의 실적 차이는 얼마인가?

① 1,103 ② 1,201

③ 1,283 ④ 1,322

✦ **TIP** $(2,930 + 2,766 + 741) - (1,199 + 2,471 + 1,664) = 1,103$

## 〉〉 형태/공간지각

▌1~5▌ 다음과 같이 화살표 방향으로 종이를 접어 펀칭한 뒤 펼친 모양에 해당하는 것을 고르시오.

1

① ② ③ ④

☆ TIP

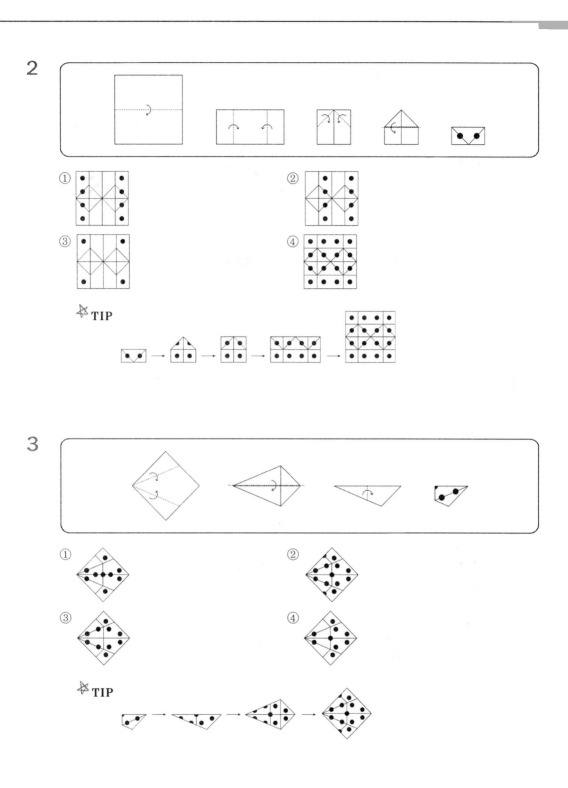

**4**

① 　　② 

③ 　　④ 

☆ TIP

**5**

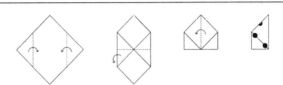

① 　　② 

③ 　　④ 

☆ TIP

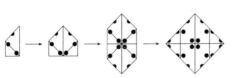

**┃6~10┃** 다음 제시된 두 도형을 결합했을 때 만들 수 없는 형태를 고르시오.

**6**

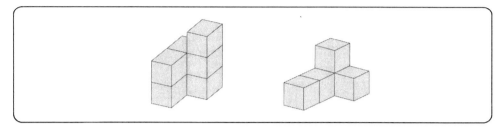

①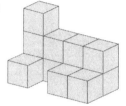

②

③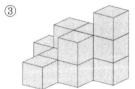

④

✩**TIP** ④

**7**

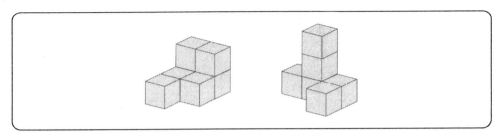

① 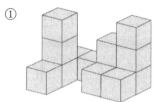　②

③ 　④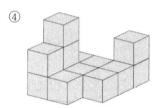

✫TIP　③　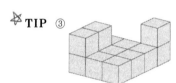

**8**

 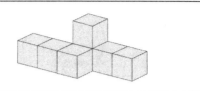

①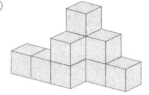

②

③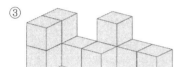

④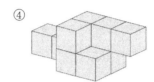

✡ **TIP** ①

**9**

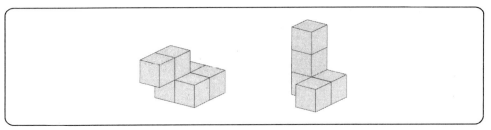

①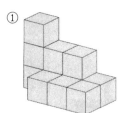

②

③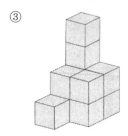

④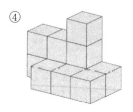

✫ **TIP** ③

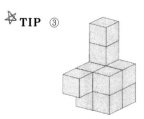

## 10

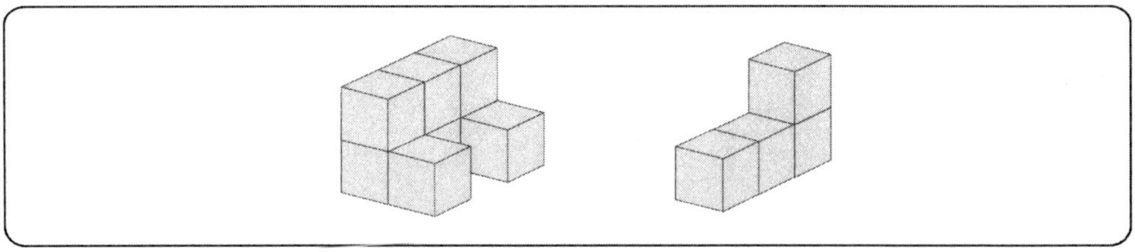

①

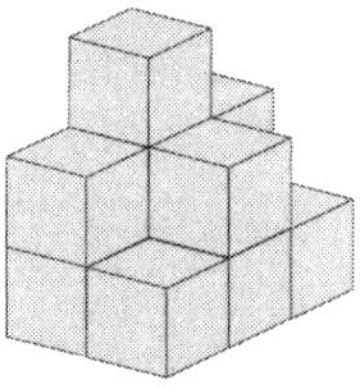

②

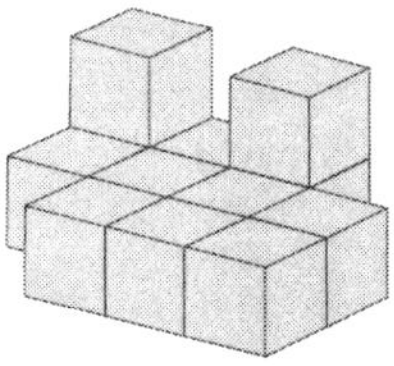

③

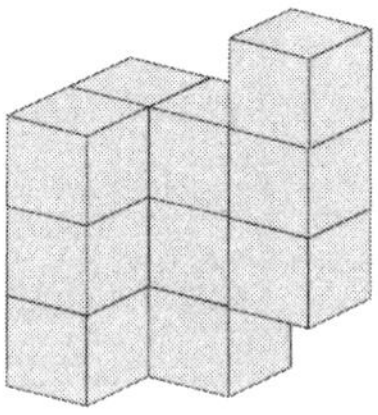

④

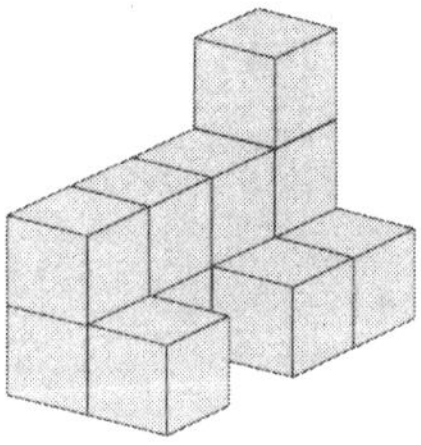

TIP ①

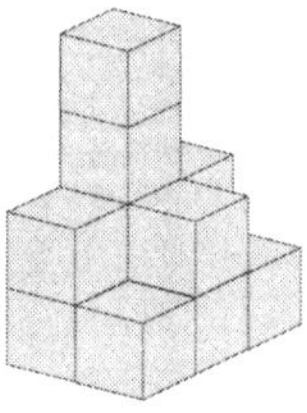

ANSWER 〉 9.③ 10.①

**▌11～15 ▌** 다음 전개도를 접었을 때 나올 수 있는 모양이 아닌 것을 고르시오.

**11**

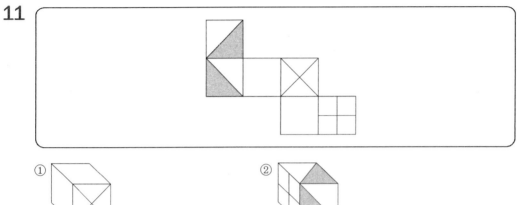

①

②

③

④

✫ **TIP**

③은  와 같은 모양이 되어야 한다.

**12**

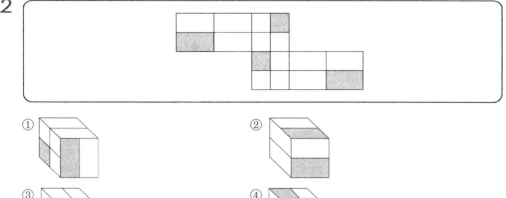

①     ② 

③     ④ 

✵ **TIP**

②는  와 같은 모양이 되어야 한다.

**13**

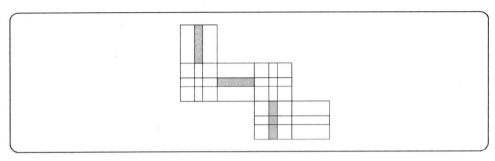

①

②

③

④

⭐**TIP**
④는 와 같은 모양이 되어야 한다.

**14**

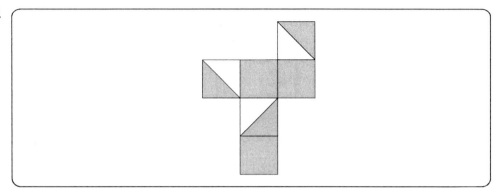

① 　②

③ 　④

✰ **TIP**

③은  와 같은 모양이 되어야 한다.

ANSWER 〉 13.④　14.③

**15**

①

②

③

④

✦ **TIP**

③은 와 같은 모양이 되어야 한다.

**16~20** 다음 전개도를 접었을 때 나올 수 있는 도형의 형태를 고르시오.

**16**

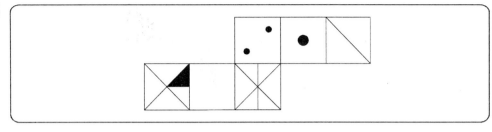

① 　②

③ 　④

✫ **TIP**

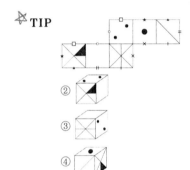

**17**

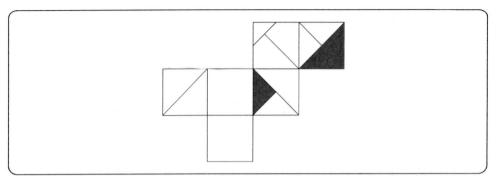

①

②

③

④

✩ **TIP**

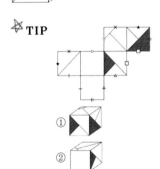

**18**

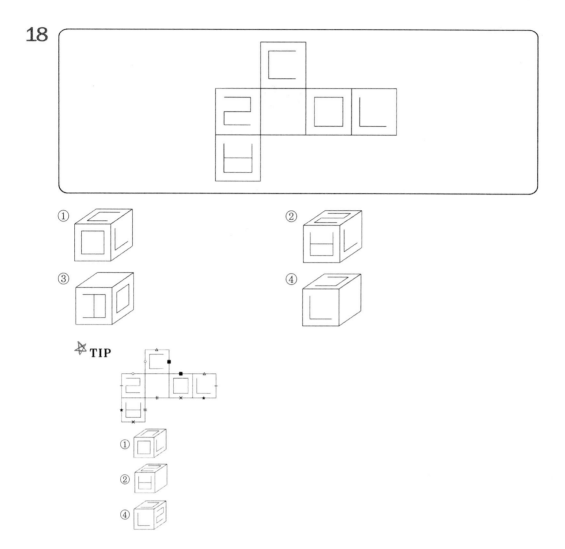

**19**

①  ②

③  ④

✦ **TIP**

①

②

④

**20**

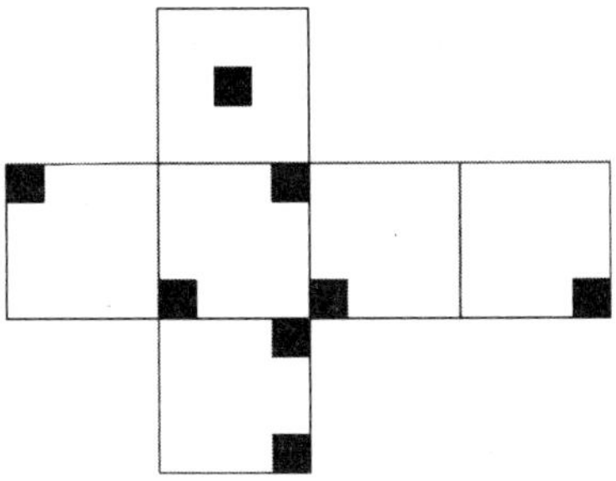

①

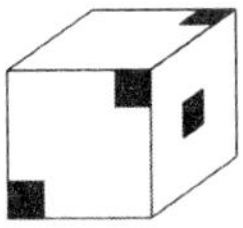

②

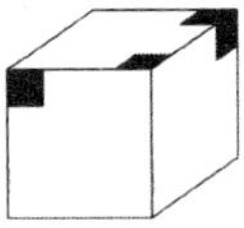

③

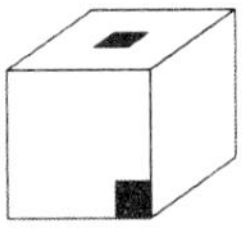

④

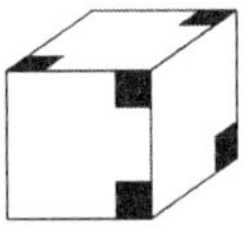

✥ TIP

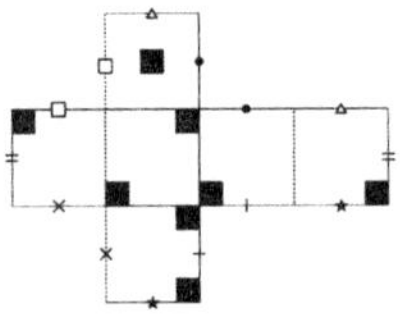

①  또는

③

④

**┃ 21~26 ┃** 다음 입체도형의 전개도로 옳은 것을 고르시오.

**21**

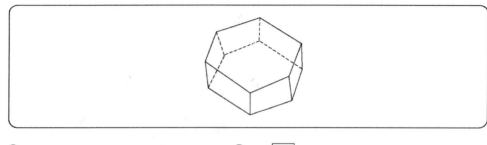

①

②

③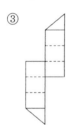

④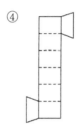

✫**TIP** 밑면의 모양으로 전개도를 찾는다.

**22**

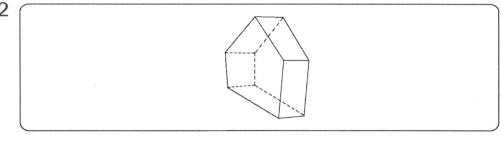

①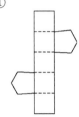

②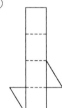

③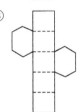

④

✦ **TIP**  밑면의 모양으로 전개도를 찾는다.

**23**

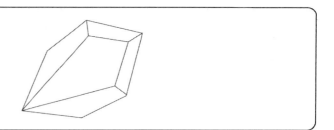

①

②

③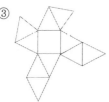

④

✫ **TIP**

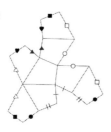

**24**

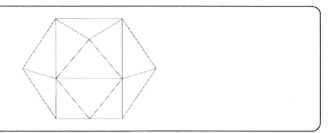

①

②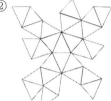

③

④

✭ **TIP**

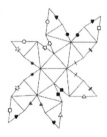

👍ANSWER 〉 23.④   24.④

25

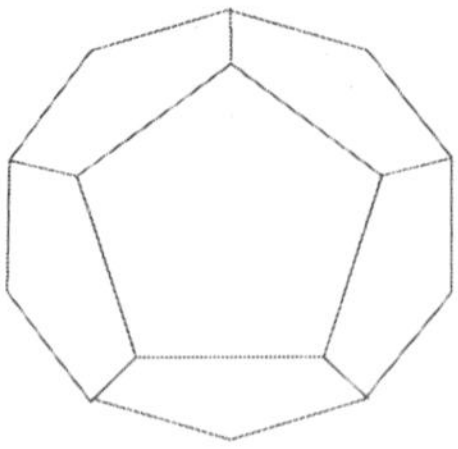

①

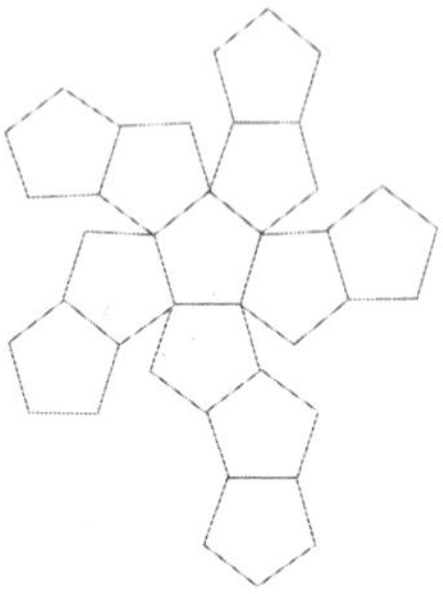

②

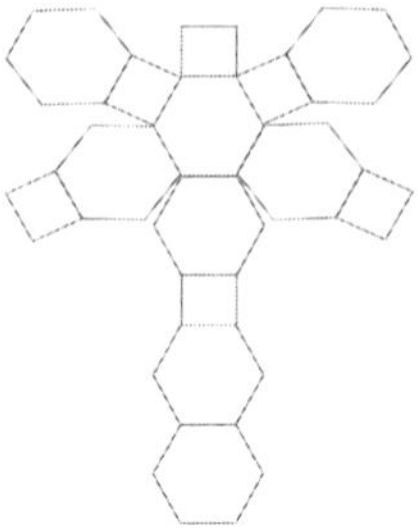

③

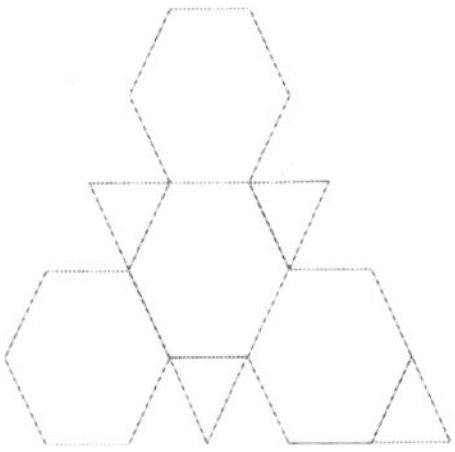

④

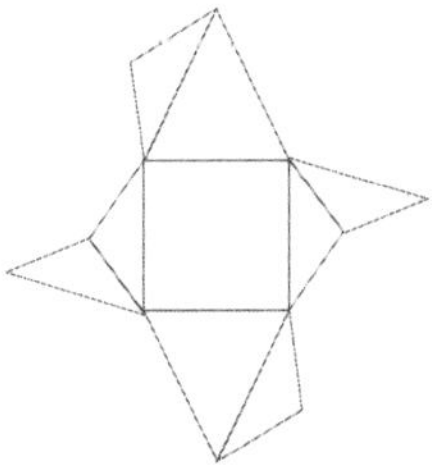

**TIP** 면이 정오각형인 것을 찾는다.

**26**

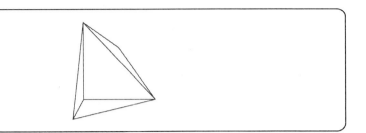

① 　　②

③ 　　④

⭐**TIP**

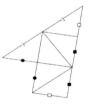

※ 27~29번은 해설이 없습니다.

**27**

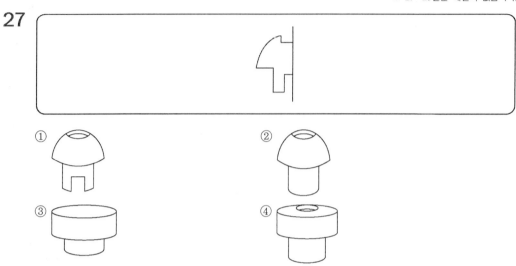

**28**

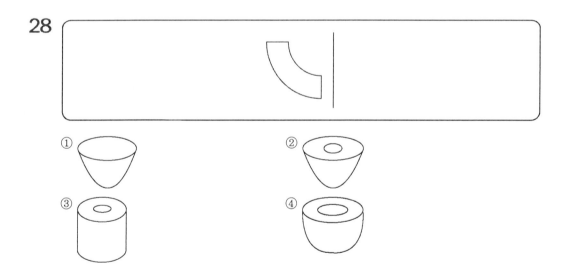

**29**

① ② ③ ④

**30** ① 　②

③ 　④

✿TIP

**31** ① 　②

③ 　④

✿TIP

**32** ①    ②

③    ④

✗ TIP

**33** ① 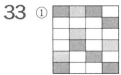   ②

③    ④

✗ TIP

**34**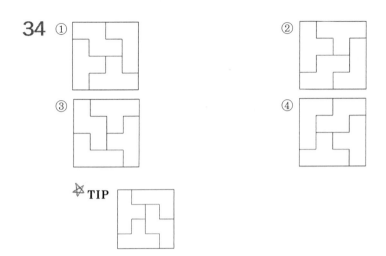

① ② ③ ④

☆ TIP

【35~39】 다음 〈예시〉를 참고하여 주어진 주사위의 $x$, $y$, $z$축을 기준으로 회전시킬 때, 정면에 보이는 면의 모양을 고르시오(단, 마주보는 눈의 합은 항상 7이다).

※ 35~39번은 해설이 없습니다.

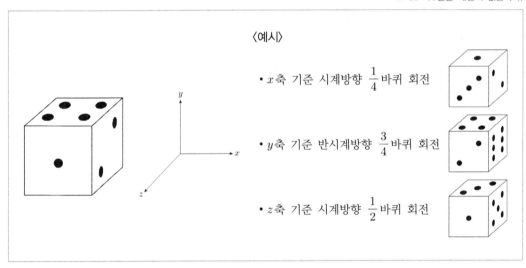

〈예시〉

• $x$축 기준 시계방향 $\frac{1}{4}$ 바퀴 회전

• $y$축 기준 반시계방향 $\frac{3}{4}$ 바퀴 회전

• $z$축 기준 시계방향 $\frac{1}{2}$ 바퀴 회전

**35**

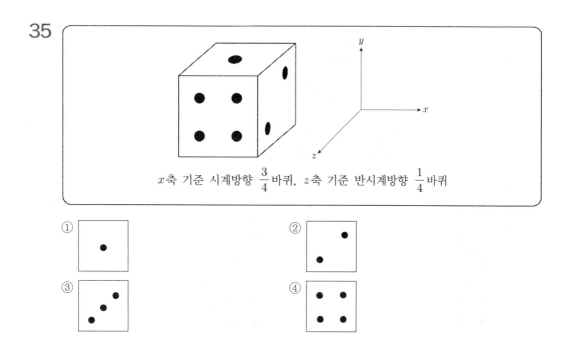

$x$축 기준 시계방향 $\frac{3}{4}$바퀴, $z$축 기준 반시계방향 $\frac{1}{4}$바퀴

**36**

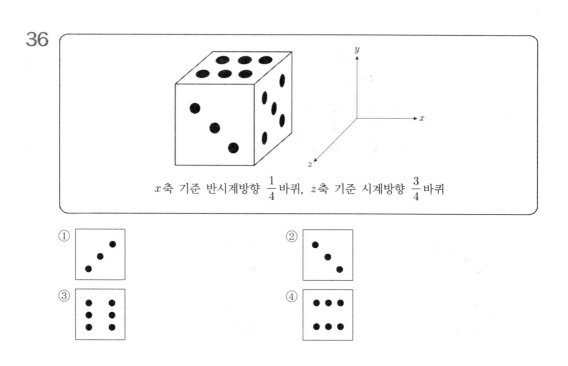

$x$축 기준 반시계방향 $\frac{1}{4}$바퀴, $z$축 기준 시계방향 $\frac{3}{4}$바퀴

**37**

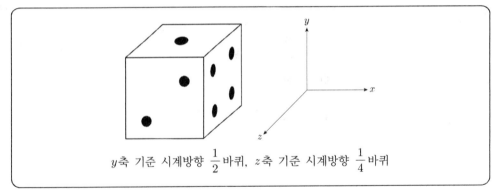

$y$축 기준 시계방향 $\dfrac{1}{2}$바퀴, $z$축 기준 시계방향 $\dfrac{1}{4}$바퀴

①

②

③

④

**38**

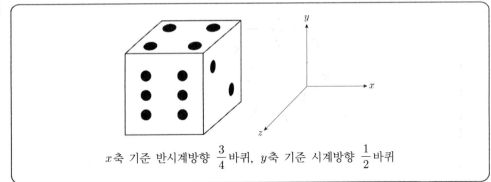

$x$축 기준 반시계방향 $\dfrac{3}{4}$바퀴, $y$축 기준 시계방향 $\dfrac{1}{2}$바퀴

①

②

③

④

**39**

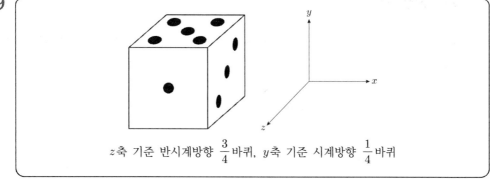

$z$축 기준 반시계방향 $\dfrac{3}{4}$바퀴, $y$축 기준 시계방향 $\dfrac{1}{4}$바퀴

①

②

③

④

▌1~6▐ 다음 각 기호가 일정한 규칙에 따라 문자들을 변화시킬 때, 각 문제의 '?'에 들어갈 알맞은 것을 고르시오.

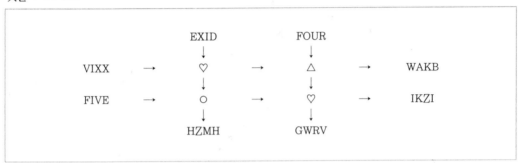

1

PONY → ○ → ○ → ?

① TOCY           ② ROYY

③ TOPY           ④ POIY

☆ TIP    ♡ ABCD → A+1, B+2, C+3, D+4

        △ ABCD → ACBD

        ○ ABCD → A+2, B+0, C+1, D+0

| A | B | C | D | E | F | G | H | I | J | K | L | M | N | O | P | Q | R | S | T | U | V | W | X | Y | Z |
|---|---|---|---|---|---|---|---|---|---|---|---|---|---|---|---|---|---|---|---|---|---|---|---|---|---|
| 1 | 2 | 3 | 4 | 5 | 6 | 7 | 8 | 9 | 10 | 11 | 12 | 13 | 14 | 15 | 16 | 17 | 18 | 19 | 20 | 21 | 22 | 23 | 24 | 25 | 26 |

PONY → ROOY → TOPY

2

SISO → ♡ → ○ → ?

① VKWS           ② VKXR

③ OKSA           ④ ZXKW

☆ TIP   SISO → TKVS → VKWS

**3**

ㄹㅎㅈㄱ → △ → ♡ → ?

① ㅊㄴㅇㅍ  ② ㅋㅇㄷㄹ

③ ㅁㅋㄷㅁ  ④ ㅋㅍㄴㅈ

⭐ **TIP**

| ㄱ | ㄴ | ㄷ | ㄹ | ㅁ | ㅂ | ㅅ | ㅇ | ㅈ | ㅊ | ㅋ | ㅌ | ㅍ | ㅎ |
|---|---|---|---|---|---|---|---|---|---|---|---|---|---|
| 1 | 2 | 3 | 4 | 5 | 6 | 7 | 8 | 9 | 10 | 11 | 12 | 13 | 14 |

ㄹㅎㅈㄱ → ㄹㅈㅎㄱ → ㅁㅋㄷㅁ

**4**

ㅋㅁㄴㄱ → ♡ → ♡ → ?

① ㅍㅈㅇㅅ  ② ㅈㅇㅍㅌ

③ ㅊㅍㄴㅇ  ④ ㅍㅈㄴㅇ

⭐ **TIP**  ㅋㅁㄴㄱ → ㅌㅅㅁㅁ → ㅍㅈㅇㅅ

**5**

ㅏㅓㅑㅗ → ○ → ♡ → ?

① ㅗㅓㅛㅓ  ② ㅗㅜㅣㅠ

③ ㅘㅏㅜㅓ  ④ ㅕㅗㅛㅡ

⭐ **TIP**

| ㅏ | ㅑ | ㅓ | ㅕ | ㅗ | ㅛ | ㅜ | ㅠ | ㅡ | ㅣ |
|---|---|---|---|---|---|---|---|---|---|
| 1 | 2 | 3 | 4 | 5 | 6 | 7 | 8 | 9 | 10 |

ㅏㅓㅑㅗ → ㅓㅓㅕㅗ → ㅕㅗㅛㅡ

**6**

ㅛㅏㅜㅕ → △ → ♡ → ?

① ㅜㅑㅗㅓ  ② ㅡㅣㅗㅕ

③ ㅜㅡㅕㅠ  ④ ㅏㅣㅗㅑ

⭐ **TIP**  ㅛㅏㅜㅕ → ㅛㅜㅏㅕ → ㅜㅡㅕㅠ

🖐 ANSWER 〉 1.③  2.①  3.③  4.①  5.④  6.③

**┃7~11┃** 다음 제시된 도형들 사이에는 일정한 규칙이 적용되고 있다. 도형의 규칙을 찾아 A와 B에 들어갈 알맞은 도형을 고르시오.

**7**

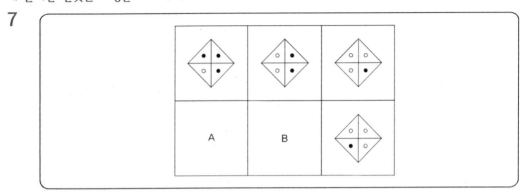

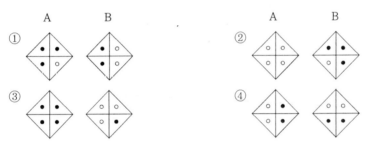

✻ **TIP** 1행에서 1→2→3열 순서로 왼쪽 하단부터 시계방향으로 원의 색칠이 없어지고 있다. 2행은 1행의 도형을 Y축 대칭 시킨 것이다.

**8**

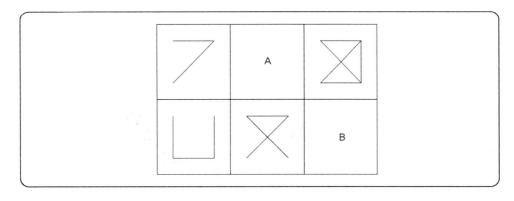

        A      B                     A      B

①                         ② 

③                         ④ 

✿**TIP** 각 행의 1열 도형＋2열 도형＝3열 도형

**9**

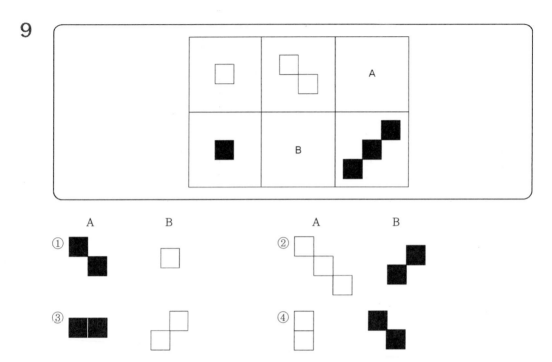

**TIP** 1행 1열은 사각형 1개, 2열 2개, 3열은 3개로 이루어진다. 2행은 1행의 도형을 X축 대칭시키고 색 반전시킨다.

**10**

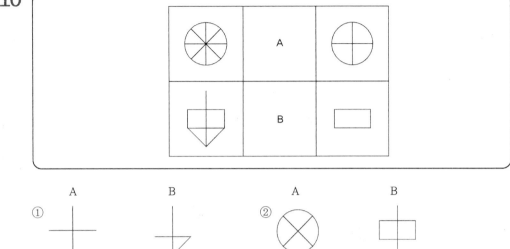

①
A
B

②
A
B

③

④

⭐ **TIP** 1열의 도형에서 2열의 선을 삭제하면 3열의 도형이 나온다.

**11**

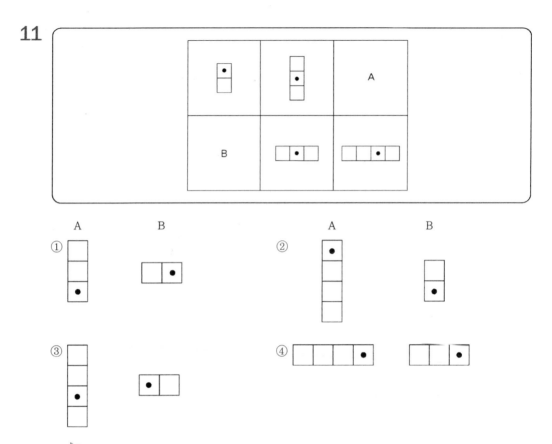

**TIP** 1행에서 1→2→3열로 갈수록 위쪽에 사각형이 추가되고 있다. 2행은 1행의 도형을 반시계방향으로 90° 회전시킨 것이다.

**▌12~16▐** 주어진 기호의 규칙이 다음과 같을 때, '?'에 들어갈 도형으로 알맞은 것을 고르시오.

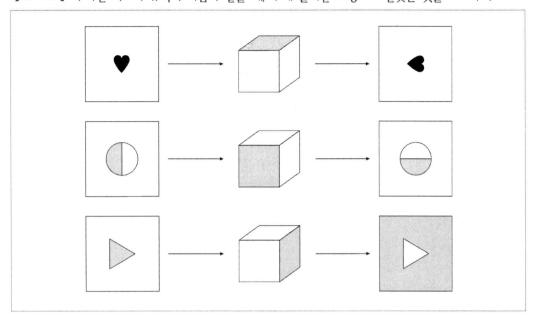

**12**

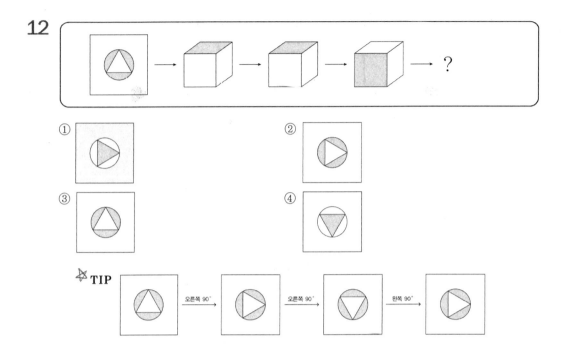

① ② ③ ④

⭐TIP

| | 오른쪽 90° | | 오른쪽 90° | | 왼쪽 90° | |

## 13

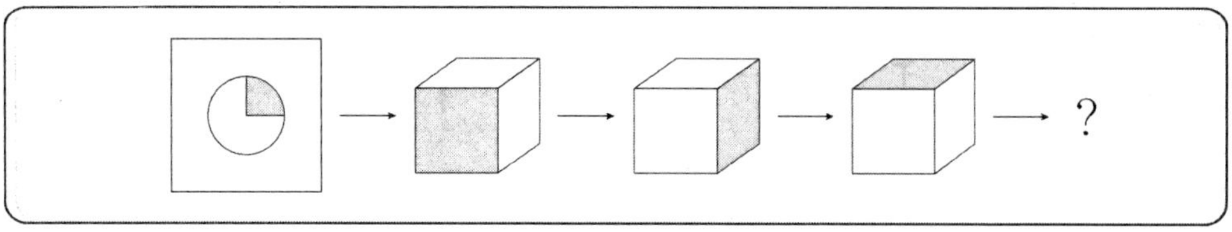


① 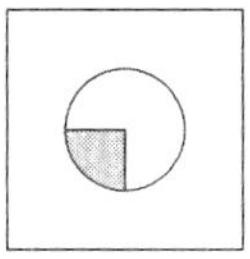

② 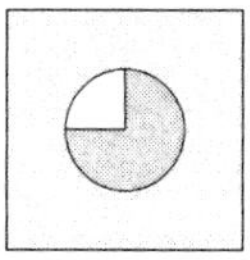

③ 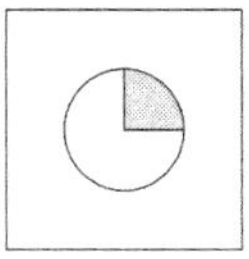

④ 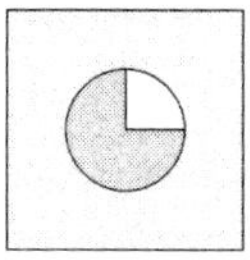

**TIP**

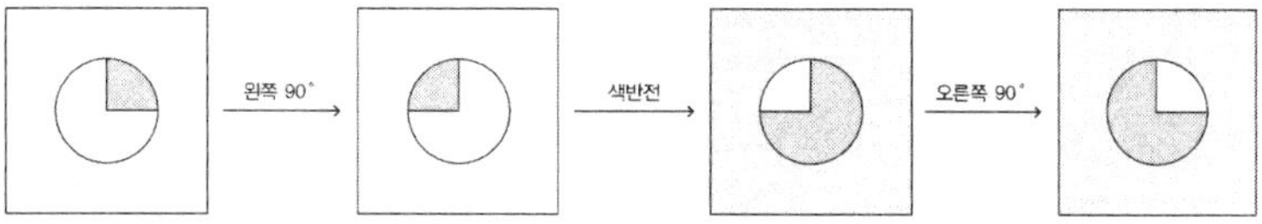


ANSWER 〉 12.② 13.④

14

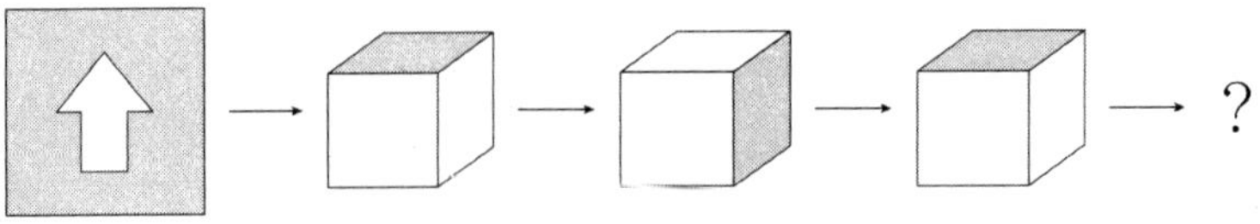
?

① 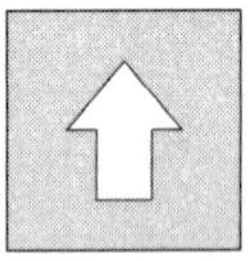

② 

③ 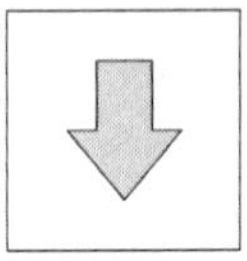

④ 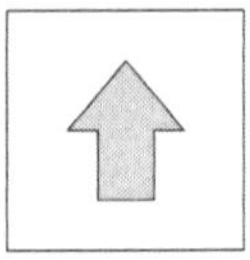

TIP

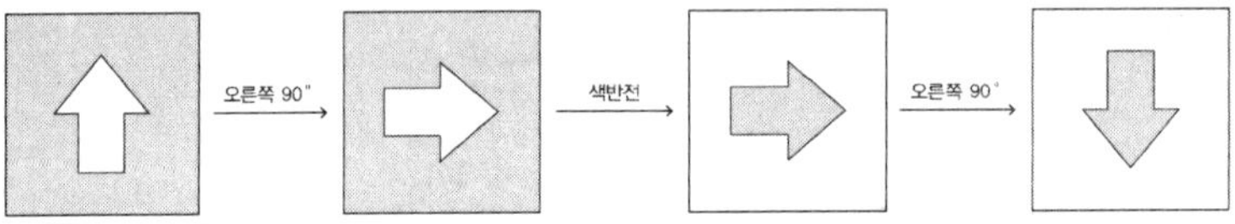
오른쪽 90°
색반전
오른쪽 90°

**15**

① 　②

③ 　④

☆ **TIP**

왼쪽 90°　오른쪽 90°　왼쪽 90°

**16**

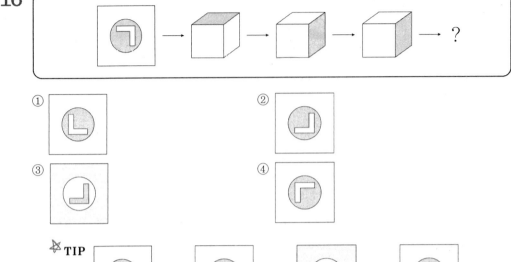

① ② ③ ④

**┃17~21 ┃** 각각의 기호가 다음과 같은 규칙을 가질 때, 각 물음에 답하시오.

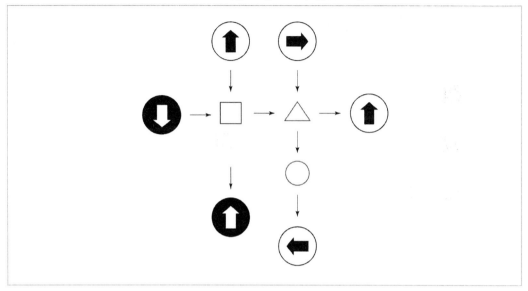

**17**

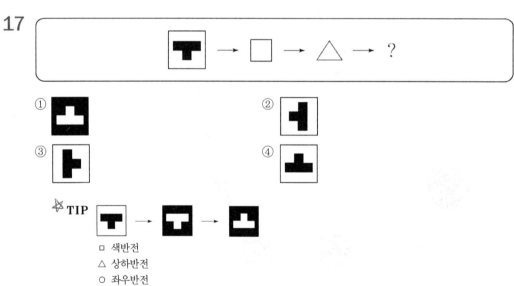

① ②
③ ④

✩**TIP**

□ 색반전
△ 상하반전
○ 좌우반전

🖒 **ANSWER** 〉 16.② 17.①

**18**

①

② 

③

④ 

✿ **TIP**

**19**

① 

② 

③ 

④ 

✿ **TIP**

**20**

 ①

 ②

③

④

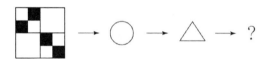
✦TIP

**21**

 ①

② 

③

④

✦TIP

# 04 시각적 주의집중력

CHAPTER

**▌1~5▐** 다음 짝지어진 문자·숫자 또는 기호 중에서 서로 다른 것을 찾으시오.

**1** ① 코코니아루시아와세 – 코코니아루시아와세

② 키미노마마데아이시떼루 – 키미노마마데아이시떼루

③ 키미노나마에욘다힝힝 – 키미노나마에욘다힝힝

④ 요조라노호시이키레이 – 요조라노호시이카레이

**TIP** ④ 요조라노호시이<u>키</u>레이–요조라노호시이<u>카</u>레이

**2** ① PRADA명품핸드백고가 – PRADA명품핸드백고가

② ㄵㄶㄷㄸㄺㄻㄼㄽㄾㄿ – ㄵㄶㄷㄸㄺㄻㄼㄽㄾㄿ

③ あなたのゆめはなに – あなたのゆめはなの

④ ackdoefrlfovoddef – ackdoefrlfovoddef

**TIP** ③ あなたのゆめはな<u>に</u> – あなたのゆめはな<u>の</u>

**3**  ① 아이우에오가나다라마바시아 – 아이우에오가나다라마바시아

② ◀◘↑◘▶◘✧⊗○●인검☑ – ◀◘↑◘▶◘✧⊗○●인검☑

③ 07081948208129 – 07081948208129

④ 너레알Ⅲ∑Ⅴ대차시더빅피처 – 너레알Ⅲ∑Ⅳ대차시더빅피처

　　✫ **TIP**　④ 너레알Ⅲ∑<u>Ⅴ</u>대차시더빅피처 – 너레알Ⅲ∑<u>Ⅳ</u>대차시더빅피처


**4**  ① 개9울1개에올0챙이3한마2리 – 개9울1개에올0챙이3한마3리

② 니나노니나노니나노니나노 – 니나노니나노니나노니나노

③ A_PE^OR$%K@C&〈D – A_PE^OR$%K@C&〈D

④ 나▽화▼신■리口길약⊥사 – 나▽화▼신■리口길약⊥사

　　✫ **TIP**　① 개9울1개에올0챙이3한마<u>2</u>리 – 개9울1개에올0챙이3한마<u>3</u>리


**5**  ① 해잉twoOH이도경후아 – 해잉twoOH이도경후아

② ADGDEGHJRCVEETU – ADGDEGHJRGVEETU

③ 벙뻥뭉배기●가○스찰져 – 벙뻥뭉배기●가○스찰져

④ 후아후아후아후아후아달다 – 후아후아후아후아후아달다

　　✫ **TIP**　② ADGDEGHJR<u>C</u>VEETU – ADGDEGHJR<u>G</u>VEETU


👍ANSWER〉 1.④  2.③  3.④  4.①  5.②

**|6~10 |** 다음 제시된 보기와 같은 것을 찾으시오.

**6**

面從腹背(면종복배)

① 面從腹背(명종복배)　　　　　　② 眠從腹背(면종복배)

③ 面從腹背(면종북배)　　　　　　④ 面從腹背(면종복배)

✦ **TIP**　① 面從腹背(<u>명</u>종복배)
　　　　　② <u>眠</u>從腹背(면종복배)
　　　　　③ 面從腹背(면종<u>북</u>배)

**7**

너랑나랑니랑나랑우리모두

① 너랑나랑니랑나랑우리모두　　　② 니랑나랑너랑나랑우리모두

③ 니랑나랑니랑나랑우리모두　　　④ 너랑나랑니랑나랑우리모둥

✦ **TIP**　② 너랑나랑<u>너</u>랑나랑우리모두
　　　　　③ <u>니</u>랑나랑니랑나랑우리모두
　　　　　④ 너랑나랑니랑나랑우리모<u>둥</u>

**8**

DASGDSGLSNDBZOCNQN

① DASGDSGLSVDBZOCNQN　　　② DASGBSGLSNDBZOCNQN

③ DASGDSGLSNDBZOCNQN　　　④ DASGDSGLSNBDZOCNQN

✦ **TIP**　① DASGDSGLS<u>V</u>DBZOCNQN
　　　　　② DASG<u>B</u>SGLSNDBZOCNQN
　　　　　④ DASGDSGLSN<u>BD</u>ZOCNQN

**9**

중슈박회환당물감굧

① 중슈박희환당물감굧
② 중슈박회환딩물감굧
③ 중슈박회환당믈감굧
④ 중슈박회환당물감굧

✧ **TIP** ① 중슈박<u>희</u>환당물감굧
② 중슈박회환<u>딩</u>물감굧
③ 중슈박회환당<u>믈</u>감굧

**10**

servameservabote

① servameservabute
② servameservabote
③ servamesertabote
④ servaneservabote

✧ **TIP** ① servameservab<u>u</u>te
③ servameser<u>t</u>abote
④ serva<u>n</u>eservabote

┃11~20┃ 다음 제시된 두 보기를 비교하여 각 보기가 서로 같으면 ①, 다르면 ②를 선택하시오.

**11**

| いとしいひとよあいしてる | いとしいひとよあいしてる |

① 같다　　　　　　　　② 다르다

✿ **TIP** 두 보기는 서로 일치한다.

**12**

| 소발이는이보가다바우미 | 소발이는이보가바다우미 |

① 같다　　　　　　　　② 다르다

✿ **TIP** 소발이는이보가<u>다바</u>우미 – 소발이는이보가<u>바다</u>우미

**13**

| 茗▽袼▼崔△鵠▲娶口忏 | 茗▽袼▼崔△鵠▲娶口忏 |

① 같다　　　　　　　　② 다르다

✿ **TIP** 두 보기는 서로 일치한다.

**14**

| (아)(하)(타)(파)(바)(h)(g)(ㄷ)(ㄱ)(라)( f ) | (아)(하)(타)(파)(마)(h)(g)(ㄷ)(ㄱ)(나)( f ) |

① 같다　　　　　　　　② 다르다

✿ **TIP** (아)(하)(타)(파)(<u>바</u>)(h)(g)(ㄷ)(ㄱ)(<u>라</u>)( f ) – (아)(하)(타)(파)(<u>마</u>)(h)(g)(ㄷ)(ㄱ)(<u>나</u>)( f )

**15**

²⁄₃갑턔냐수신압액아중                    ²⁄₃갑턔냐수신압액아중

① 같다                         ② 다르다

☆ **TIP** 두 보기는 서로 일치한다.


**16**

드0김7154폰원261핸0번1호므파탈8갑옴          드0김7154폰원261핸0번1호므파탈8갑옴

① 같다                         ② 다르다

☆ **TIP** 두 보기는 서로 일치한다.


**17**

가장재B존K동LO의VE보                        가장재B존K통LO의VE보

① 같다                         ② 다르다

☆ **TIP** 가장재B존K<u>동</u>LO의VE보 – 가장재B존K<u>통</u>LO의VE보


**18**

했가☆끔◑너◑를우생각◉어          했가☆끔◑너◑를우생각◉어

① 같다                         ② 다르다

☆ **TIP** 두 보기는 서로 일치한다.


👍ANSWER 〉 11.① 12.② 13.① 14.② 15.① 16.① 17.② 18.①

**19**

| 월사로브033467821한안진리콜 | 월사로브033467821한인잔리콜 |

① 같다           ② 다르다

✿ **TIP** 월사로브033467821한<u>안진</u>리콜 – 월사로브033467821한<u>인잔</u>리콜

**20**

| DKDO##EKGQE##JCPEJ | DKDO##EKGOE##JCPEJ |

① 같다           ② 다르다

✿ **TIP** DKDO##EKG<u>Q</u>E##JCPEJ – DKDO##EKG<u>O</u>E##JCPEJ

**❚ 21~23 ❚** 다음 제시된 두 보기에서 배열과 문자가 같은 것이 몇 개인지 고르시오.

**21**

| 아노호시니미레바보쿠와호시 | 이누호사니미리바부구와호시 |

① 6개           ② 7개
③ 8개           ④ 9개

✿ **TIP** 아노<u>호</u>시<u>니</u>미레바보쿠<u>와호</u>시 – 이누<u>호</u>사<u>니</u>미리바부구<u>와호</u>시

**22**

| |
|---|
| 식⊂어∈몽∀몽▒몽너∞마늘　　　　시⊏어몽몽∀몽█몽이∝만을 |

① 2개　　　　　　　　　　② 3개

③ 4개　　　　　　　　　　④ 5개

☆ **TIP**　식⊂<u>어</u>∈<u>몽∀몽</u>▒<u>몽</u>너∞마늘 – 시⊏<u>어</u>몽<u>몽∀몽</u>█<u>몽</u>이∝만을

**23**

| |
|---|
| rJWH최N중에P✖C꺼S고DDLRH내O　　　　rJ에PWH최N중✖C꺼S고DBLRH래O |

① 8개　　　　　　　　　　② 10개

③ 12개　　　　　　　　　　④ 15개

☆ **TIP**　<u>rJ</u>WH최N중에P<u>✖C꺼S고D</u>DL<u>RH</u>내<u>O</u> – <u>rJ</u>에PWH최N중<u>✖C꺼S고D</u>BL<u>RH</u>래<u>O</u>

**| 24~25 |** 다음 제시된 보기를 보고 물음에 답하시오.

백달 중달 숙달 계달 현달 중자 숙자
혜달 아달 유달 순곤 순정 현달 순숙
순도 순황 순상 순숙 순전 유상 아달
마량 마속 백미 맹자 중자 순도 순숙
유상 중상 숙달 순정 혜달 맹자 계달
아달 숙자 유상 순황 순상 순숙 백달
백미 마량 순곤 중상 순숙 마속 중달

## 24 '혜달'의 개수는?

① 0개                       ② 1개

③ 2개                       ④ 3개

    ✬ **TIP** 백달 중달 숙달 계달 현달 중자 숙자
<u>혜달</u> 아달 유달 순곤 순정 현달 순숙
순도 순황 순상 순숙 순전 유상 아달
마량 마속 백미 맹자 중자 순도 순숙
유상 중상 숙달 순정 <u>혜달</u> 맹자 계달
아달 숙자 유상 순황 순상 순숙 백달
백미 마량 순곤 중상 순숙 마속 중달

## 25 보기에서 제시되지 않은 단어는?

① 숙달                       ② 마속

③ 백미                       ④ 황달

    ✬ **TIP** 보기에는 '황달'이라는 단어는 제시되어 있지 않다.

**┃26~27┃** 다음 제시된 문자가 반복되는 개수를 고르시오.

조선 고려 신라 백제 가야 장군 왜란 호란 백호
주작 조선 반지 시계 반디 사장 바다 이발 백제
백호 장군 쪽지 우유 리더 벚꽃 장미 오리 발해
오리 반디 주작 사마 동맹 고래 애니 그릇 장군
발해 오리 우유 반지 바다 조선 계단 가락 가위
계단 가락 사장 호란 과자 전화 권율 의병 여수
우유 가위 침대 권율 삼척 한국 가락 벚꽃 만두
전화 의병 경주 여수 한국 만두 리더 백호 쪽지

**26**

조선

① 1개          ② 2개

③ 3개          ④ 4개

✦**TIP** <u>조선</u> 고려 신라 백제 가야 장군 왜란 호란 백호
주작 <u>조선</u> 반지 시계 반디 사장 바다 이발 백제
백호 장군 쪽지 우유 리더 벚꽃 장미 오리 발해
오리 반디 주작 사마 동맹 고래 애니 그릇 장군
발해 오리 우유 반지 바다 <u>조선</u> 계단 가락 가위
계단 가락 사장 호란 과자 전화 권율 의병 여수
우유 가위 침대 권율 삼척 한국 가락 벚꽃 만두
전화 의병 경주 여수 한국 만두 리더 백호 쪽지

## 27

> 벚꽃

① 1개        ② 2개

③ 3개        ④ 4개

✡ **TIP** 조선 고려 신라 백제 가야 장군 왜란 호란 백호
주작 조선 반지 시계 반디 사장 바다 이발 백제
백호 장군 쪽지 우유 리더 <u>벚꽃</u> 장미 오리 발해
오리 반디 주작 사마 동맹 고래 애니 그릇 장군
발해 오리 우유 반지 바다 조선 계단 가락 가위
계단 가락 사장 호란 과자 전화 권율 의병 여수
우유 가위 침대 권율 삼척 한국 가락 <u>벚꽃</u> 만두
전화 의병 경주 여수 한국 만두 리더 백호 쪽지
솔로 집게 <u>서울</u> 화분 홍삼 유아 유리 사장 다리

**28**

> 우리 몸의 수많은 세포들은 정자와 난자가 수정하여 형성된 단일 세포인 접합체가 세포 분열을 하여 만들어진 것이다. 포유류의 경우, 접합체의 세포 분열로 형성되는 초기 배반포 단계에서 나중에 태반의 일부가 되는 영양외배엽 세포와 그에 둘러싸인 속세포덩어리가 형성되는데, 이 속세포덩어리는 나중에 태아를 이루는 모든 세포로 분화되는 다능성(多能性)을 지닌다.

> 우리 몸의 수많은 세포들은 정자와 난자가 정정하여 형성된 단일 세포인 접합체가 세포 분열을 하여 만들어진 것이다. 포유류의 경우, 접합체의 세포 분열로 형성되는 후기 배반포 단계에서 나중에 태반의 일부가 되는 영양내배엽 세포와 그에 둘러싸인 속세포덩어리가 형성되는데, 이 속세포덩어리는 나중에 태아를 이루는 모든 세포로 분화되는 가능성(多能性)을 지닌다.

① 1군데                    ② 2군데

③ 3군데                    ④ 4군데

✦ **TIP**

> 우리 몸의 수많은 세포들은 정자와 난자가 수정하여 형성된 단일 세포인 접합체가 세포 분열을 하여 만들어진 것이다. 포유류의 경우, 접합체의 세포 분열로 형성되는 초기 배반포 단계에서 나중에 태반의 일부가 되는 영양외배엽 세포와 그에 둘러싸인 속세포덩어리가 형성되는데, 이 속세포덩어리는 나중에 태아를 이루는 모든 세포로 분화되는 다능성(多能性)을 지닌다.

> 우리 몸의 수많은 세포들은 정자와 난자가 정정하여 형성된 단일 세포인 접합체가 세포 분열을 하여 만들어진 것이다. 포유류의 경우, 접합체의 세포 분열로 형성되는 후기 배반포 단계에서 나중에 태반의 일부가 되는 영양내배엽 세포와 그에 둘러싸인 속세포덩어리가 형성되는데, 이 속세포덩어리는 나중에 태아를 이루는 모든 세포로 분화되는 가능성(多能性)을 지닌다.

ANSWER 〉 27.② 28.④

**29**

수성은 태양계에서 가장 작은 행성으로 반지름이 2,440km이며 밀도는 지구보다 약간 작은 5,430kg/㎥이다. 태양에서 가장 가까운 행성인 수성은 금성, 지구, 화성과 더불어 지구형 행성에 속하며, 딱딱한 암석질의 지각과 맨틀 아래 무거운 철 성분의 핵이 존재할 것으로 추측되나 좀 더 정확한 정보를 알기 위해서는 탐사선을 이용한 조사가 필수적이다. 그러나 강한 태양열과 중력 때문에 접근이 어려워 현재까지 단 두 기의 탐사선만 보내졌다.

화성은 태양계에서 가장 작은 행성으로 반지름이 2,440km이며 밀도는 지구보다 약간 작은 5,430kg/㎥이다. 태양에서 가장 가까운 행성인 수성은 금성, 자구, 화성과 더불어 지구형 행성에 속하며, 딱딱한 암석질의 지각과 맨틀 아래 가벼운 철 성분의 핵이 존재할 것으로 추측되나 좀 더 정확한 정보를 알기 위해서는 탐사선을 이용한 조사가 필수적이다. 그러나 강한 태양열과 중력 때문에 접근이 어려워 현재까지 단 두 기의 탐사선만 보내졌다.

① 1군데                    ② 2군데

③ 3군데                    ④ 4군데

★ **TIP**

소성은 태양계에서 가장 작은 행성으로 반지름이 2,440km이며 밀도는 지구보다 약간 작은 5,430kg/㎥이다. 태양에서 가장 가까운 행성인 수성은 금성, <u>지구</u>, 화성과 더불어 지구형 행성에 속하며, 딱딱한 암석질의 지각과 맨틀 아래 <u>무거운</u> 철 성분의 핵이 존재할 것으로 추측되나 좀 더 정확한 정보를 알기 위해서는 탐사선을 이용한 조사가 필수적이다. 그러나 강한 태양열과 중력 때문에 접근이 어려워 현재까지 단 두 기의 탐사선만 보내졌다.

화성은 태양계에서 가장 작은 행성으로 반지름이 2,440km이며 밀도는 지구보다 약간 작은 5,430kg/㎥이다. 태양에서 가장 가까운 행성인 수성은 금성, <u>자구</u>, 화성과 더불어 지구형 행성에 속하며, 딱딱한 암석질의 지각과 맨틀 아래 <u>가벼운</u> 철 성분의 핵이 존재할 것으로 추측되나 좀 더 정확한 정보를 알기 위해서는 탐사선을 이용한 조사가 필수적이다. 그러나 강한 태양열과 중력 때문에 접근이 어려워 현재까지 단 두 기의 탐사선만 보내졌다.

**30**

주희는 일신의 주재자인 심에는 인식이 성립하는 과정을 기준으로 하여 미발과 이발의 두 단계가 있다고 주장한다. 그는 심을 이발로만 보던 관점을 극복하고, 지각 작용이 시작하기 이전이 미발 상태이며 그 이후가 이발이라고 보았다. 나아가 그는 감정의 문제를 논하기 위해 심의 본체와 작용으로 각각 성(性)과 정(情)을 규정하고, 정은 성이 드러난 것이요 성은 정의 근거라고 보았다. 이러한 주장을 토대로 심이 성과 정을 통괄하는 총체라는 심통성정론을 구축했다.

주희는 일신의 주재자인 심에는 인식이 성립하는 과정을 기준으로 하여 미발과 이발의 두 단계가 있다고 주장한다. 그는 심을 이발로만 보던 관점을 극복하고, 지각 작용이 시작하기 이전이 미발 상태이며 그 이후가 이발이라고 보았다. 나아가 그는 감정의 문제를 논하기 위해 심의 본체와 작용으로 각각 성(性)과 정(情)을 규정하고, 정은 성이 드러난 것이요 성은 정의 근거라고 보았다. 이러한 주장을 토대로 심이 성과 정을 총괄하는 총체라는 심통성정론을 구축했다.

① 1군데      ② 2군데

③ 3군데      ④ 4군데

✿ **TIP**

주희는 일신의 주재자인 심에는 인식이 성립하는 과정을 기준으로 하여 미발과 이발의 두 단계가 있다고 주장한다. 그는 심을 이발로만 보던 관점을 극복하고, 지각 작용이 시작하기 이전이 미발 상태이며 그 이후가 이발이라고 보았다. 나아가 그는 감정의 문제를 논하기 위해 심의 본체와 작용으로 각각 성(性)과 정(情)을 규정하고, 정은 성이 드러난 것이요 성은 정의 근거라고 보았다. 이러한 주장을 토대로 심이 성과 정을 <u>통</u>괄하는 총체라는 심통성정론을 구축했다.

주희는 일신의 주재자인 심에는 인식이 성립하는 과정을 기준으로 하여 미발과 이발의 두 단계가 있다고 주장한다. 그는 심을 이발로만 보던 관점을 극복하고, 지각 작용이 시작하기 이전이 미발 상태이며 그 이후가 이발이라고 보았다. 나아가 그는 감정의 문제를 논하기 위해 심의 본체와 작용으로 각각 성(性)과 정(情)을 규정하고, 정은 성이 드러난 것이요 성은 정의 근거라고 보았다. 이러한 주장을 토대로 심이 성과 정을 <u>총</u>괄하는 총체라는 심통성정론을 구축했다.

👍 ANSWER 〉 29.③  30.①

# 인성검사

원하는 인재상에 부합하는지를 판단하기 위하여 인성검사를 시행합니다.
실전에 앞서 인성검사 유형을 파악해 보시기 바랍니다.

PART

III

# 인성검사

# 인성검사의 개요

CHAPTER

## 1 허구성 척도의 질문을 파악한다.

인성검사의 질문에는 허구성 척도를 측정하기 위한 질문이 숨어있음을 유념해야 한다. 예를 들어 '나는 지금까지 거짓말을 한 적이 없다.' '나는 한 번도 화를 낸 적이 없다.' '나는 남을 헐뜯거나 비난한 적이 한 번도 없다.' 이러한 질문이 있다고 가정해보자. 상식적으로 보통 누구나 태어나서 한번은 거짓말을 한 경험은 있을 것이며 화를 낸 경우도 있을 것이다. 또한 대부분의 구직자가 자신을 좋은 인상으로 포장하는 것도 자연스러운 일이다. 따라서 허구성을 측정하는 질문에 다소 거짓으로 '그렇다'라고 답하는 것은 전혀 문제가 되지 않는다. 하지만 지나치게 좋은 성격을 염두에 두고 허구성을 측정하는 질문에 전부 '그렇다'고 대답을 한다면 허구성 척도의 득점이 극단적으로 높아지며 이는 검사항목전체에서 구직자의 성격이나 특성이 반영되지 않았음을 나타내 불성실한 답변으로 신뢰성이 의심받게 되는 것이다. 다시 한 번 인성검사의 문항은 각 개인의 특성을 알아보고자 하는 것으로 절대적으로 옳거나 틀린 답이 없으므로 결과를 지나치게 의식하여 솔직하게 응답하지 않으면 과장 반응으로 분류될 수 있음을 기억하자!

## 2 '대체로', '가끔' 등의 수식어를 확인한다.

'대체로', '종종', '가끔', '항상', '대개' 등의 수식어는 대부분의 인성검사에서 자주 등장한다. 이러한 수식어가 붙은 질문을 접했을 때 구직자들은 조금 고민하게 된다. 하지만 아직 답해야 할 질문들이 많음을 기억해야 한다. 다만, 앞에서 '가끔', '때때로'라는 수식어가 붙은 질문이 나온다면 뒤에는 '항상', '대체로'의 수식어가 붙은 내용은 똑같은 질문이 이어지는 경우가 많다. 따라서 자주 사용되는 수식어를 적절히 구분할 줄 알아야 한다.

**3** **솔직하게 있는 그대로 표현한다.**

　인성검사는 평범한 일상생활 내용들을 다룬 짧은 문장과 어떤 대상이나 일에 대한 선호를 선택하는 문장으로 구성되었으므로 평소에 자신이 생각한 바를 너무 골똘히 생각하지 말고 문제를 보는 순간 떠오른 것을 표현한다. 또한 간혹 반복되는 문제들이 출제되기 때문에 일관성 있게 답하지 않으면 감점될 수 있으므로 유의한다.

**4** **모든 문제를 신속하게 대답한다.**

　인성검사는 시간제한이 없는 것이 원칙이지만 기업체들은 일정한 시간제한을 두고 있다. 인성검사는 개인의 성격과 자질을 알아보기 위한 검사이기 때문에 정답이 없다. 다만, 기업체에서 바람직하게 생각하거나 기대되는 결과가 있을 뿐이다. 따라서 시간에 쫓겨서 대충 대답을 하는 것은 바람직하지 못하다.

**5** **자신의 성향과 사고방식을 미리 정리한다.**

　기업의 인재상을 기초로 하여 일관성, 신뢰성, 진실성 있는 답변을 염두에 두고 꼼꼼히 풀다보면 분명 시간의 촉박함을 느낄 것이다. 따라서 각각의 질문을 너무 골똘히 생각하거나 고민하지 말자. 대신 시험 전에 여유 있게 자신의 성향이나 사고방식에 대해 정리해보는 것이 필요하다.

**6** **마지막까지 집중해서 검사에 임한다.**

　장시간 진행되는 검사에 지칠 수 있으므로 마지막까지 집중해서 정확히 답할 수 있도록 해야 한다.

# 02 CHAPTER 실전 인성검사

※ 인성검사는 개인의 인성 및 성향을 알아보기 위한 검사로 별도의 답이 존재하지 않습니다.

## 〉〉 예시 1

**∥1~250∥** 다음 제시된 문항이 당신에게 해당한다면 YES, 그렇지 않다면 NO를 선택하시오.

YES  NO

1. 조금이라도 나쁜 소식은 절망의 시작이라고 생각해버린다. ·······················( )( )
2. 언제나 실패가 걱정이 되어 어쩔 줄 모른다. ·······································( )( )
3. 다수결의 의견에 따르는 편이다. ···················································( )( )
4. 혼자서 커피숍에 들어가는 것은 전혀 두려운 일이 아니다. ····················( )( )
5. 승부근성이 강하다. ··································································( )( )
6. 자주 흥분해서 침착하지 못하다. ··················································( )( )
7. 지금까지 살면서 타인에게 폐를 끼친 적이 없다. ·······························( )( )
8. 소곤소곤 이야기하는 것을 보면 자기에 대해 험담하고 있는 것으로 생각된다. ·······( )( )
9. 무엇이든지 자기가 나쁘다고 생각하는 편이다. ································( )( )
10. 자신을 변덕스러운 사람이라고 생각한다. ·······································( )( )
11. 고독을 즐기는 편이다. ·····························································( )( )
12. 자존심이 강하다고 생각한다. ·····················································( )( )
13. 금방 흥분하는 성격이다. ··························································( )( )
14. 거짓말을 한 적이 없다. ····························································( )( )
15. 신경질적인 편이다. ································································( )( )
16. 끙끙대며 고민하는 타입이다. ·····················································( )( )
17. 감정적인 사람이라고 생각한다. ··················································( )( )
18. 자신만의 신념을 가지고 있다. ····················································( )( )
19. 다른 사람을 바보 같다고 생각한 적이 있다. ···································( )( )
20. 금방 말해버리는 편이다. ··························································( )( )
21. 싫어하는 사람이 없다. ····························································( )( )
22. 대재앙이 오지 않을까 항상 걱정을 한다. ·······································( )( )
23. 쓸데없는 고생을 사서 하는 일이 많다. ·········································( )( )

24. 자주 생각이 바뀌는 편이다. ·······································································( )( )

25. 문제점을 해결하기 위해 여러 사람과 상의한다. ·······························( )( )

26. 내 방식대로 일을 한다. ···············································································( )( )

27. 영화를 보고 운 적이 많다. ·········································································( )( )

28. 어떤 것에 대해서도 화낸 적이 없다. ·····················································( )( )

29. 사소한 충고에도 걱정을 한다. ·································································( )( )

30. 자신은 도움이 안되는 사람이라고 생각한다. ·········································( )( )

31. 금방 싫증을 내는 편이다. ···········································································( )( )

32. 개성적인 사람이라고 생각한다. ·······························································( )( )

33. 자기주장이 강한 편이다. ·············································································( )( )

34. 산만하다는 말을 들은 적이 있다. ·····························································( )( )

35. 학교를 쉬고 싶다고 생각한 적이 한 번도 없다. ···································( )( )

36. 사람들과 관계 맺는 것을 보면 잘하지 못한다. ·····································( )( )

37. 사려 깊은 편이다. ·························································································( )( )

38. 몸을 움직이는 것을 좋아한다. ···································································( )( )

39. 끈기가 있는 편이다. ·····················································································( )( )

40. 신중한 편이라고 생각한다. ·········································································( )( )

41. 인생의 목표는 큰 것이 좋다. ·····································································( )( )

42. 어떤 일이라도 바로 시작하는 타입이다. ·················································( )( )

43. 낯가림을 하는 편이다. ·················································································( )( )

44. 생각하고 나서 행동하는 편이다. ·······························································( )( )

45. 쉬는 날은 밖으로 나가는 경우가 많다. ···················································( )( )

46. 시작한 일은 반드시 완성시킨다. ·······························································( )( )

47. 면밀한 계획을 세운 여행을 좋아한다. ·····················································( )( )

48. 야망이 있는 편이라고 생각한다. ·······························································( )( )

49. 활동력이 있는 편이다. ·················································································( )( )

50. 많은 사람들과 와자지껄하게 식사하는 것을 좋아하지 않는다. ·············( )( )

51. 돈을 허비한 적이 없다. ···············································································( )( )

52. 운동회를 아주 좋아하고 기대했다. ···························································( )( )

53. 하나의 취미에 열중하는 타입이다. ···························································( )( )

54. 모임에서 회장에 어울린다고 생각한다. ···················································( )( )

55. 입신출세의 성공이야기를 좋아한다. ·························································( )( )

YES　NO

56. 어떠한 일도 의욕을 가지고 임하는 편이다. ·····················( 　)( 　)

57. 학급에서는 존재가 희미했다. ·····································( 　)( 　)

58. 항상 무언가를 생각하고 있다. ···································( 　)( 　)

59. 스포츠는 보는 것보다 하는 게 좋다. ·····························( 　)( 　)

60. '참 잘했네요'라는 말을 듣는다. ·································( 　)( 　)

61. 흐린 날은 반드시 우산을 가지고 간다. ·························( 　)( 　)

62. 주연상을 받을 수 있는 배우를 좋아한다. ·······················( 　)( 　)

63. 공격하는 타입이라고 생각한다. ···································( 　)( 　)

64. 리드를 받는 편이다. ··············································( 　)( 　)

65. 너무 신중해서 기회를 놓친 적이 있다. ·························( 　)( 　)

66. 시원시원하게 움직이는 타입이다. ·······························( 　)( 　)

67. 야근을 해서라도 업무를 끝낸다. ·································( 　)( 　)

68. 누군가를 방문할 때는 반드시 사전에 확인한다. ·················( 　)( 　)

69. 노력해도 결과가 따르지 않으면 의미가 없다. ···················( 　)( 　)

70. 무조건 행동해야 한다. ············································( 　)( 　)

71. 유행에 둔감하다고 생각한다. ·····································( 　)( 　)

72. 정해진 대로 움직이는 것은 시시하다. ·························( 　)( 　)

73. 꿈을 계속 가지고 있고 싶다. ·····································( 　)( 　)

74. 질서보다 자유를 중요시하는 편이다. ·····························( 　)( 　)

75. 혼자서 취미에 몰두하는 것을 좋아한다. ·······················( 　)( 　)

76. 직관적으로 판단하는 편이다. ·····································( 　)( 　)

77. 영화나 드라마를 보면 등장인물의 감정에 이입된다. ·············( 　)( 　)

78. 시대의 흐름에 역행해서라도 자신을 관철하고 싶다. ···········( 　)( 　)

79. 다른 사람의 소문에 관심이 없다. ·······························( 　)( 　)

80. 창조적인 편이다. ·················································( 　)( 　)

81. 비교적 눈물이 많은 편이다. ·····································( 　)( 　)

82. 융통성이 있다고 생각한다. ·······································( 　)( 　)

83. 친구의 휴대전화 번호를 잘 모른다. ·····························( 　)( 　)

84. 스스로 고안하는 것을 좋아한다. ·································( 　)( 　)

85. 정이 두터운 사람으로 남고 싶다. ·······························( 　)( 　)

86. 조직의 일원으로 별로 안 어울린다. ·····························( 　)( 　)

87. 세상의 일에 별로 관심이 없다. ·································( 　)( 　)

88. 변화를 추구하는 편이다. ·····································································(   )(   )

89. 업무는 인간관계로 선택한다. ·····································································(   )(   )

90. 환경이 변하는 것에 구애되지 않는다. ·····················································(   )(   )

91. 불안감이 강한 편이다. ···············································································(   )(   )

92. 인생은 살 가치가 없다고 생각한다. ·························································(   )(   )

93. 의지가 약한 편이다. ·················································································(   )(   )

94. 다른 사람이 하는 일에 별로 관심이 없다. ···············································(   )(   )

95. 사람을 설득시키는 것은 어렵지 않다. ·····················································(   )(   )

96. 심심한 것을 못 참는다. ············································································(   )(   )

97. 다른 사람을 욕한 적이 한 번도 없다. ·····················································(   )(   )

98. 다른 사람에게 어떻게 보일지 신경을 쓴다. ·············································(   )(   )

99. 금방 낙심하는 편이다. ··············································································(   )(   )

100. 다른 사람에게 의존하는 경향이 있다. ·····················································(   )(   )

101. 그다지 융통성이 있는 편이 아니다. ·························································(   )(   )

102. 다른 사람이 내 의견에 간섭하는 것이 싫다. ···········································(   )(   )

103. 낙천적인 편이다. ·····················································································(   )(   )

104. 숙제를 잊어버린 적이 한 번도 없다. ·····················································(   )(   )

105. 밤길에는 발소리가 들리기만 해도 불안하다. ···········································(   )(   )

106. 상냥하다는 말을 들은 적이 있다. ····························································(   )(   )

107. 자신은 유치한 사람이다. ··········································································(   )(   )

108. 잡담을 하는 것보다 책을 읽는 게 낫다. ··················································(   )(   )

109. 나는 영업에 적합한 타입이라고 생각한다. ···············································(   )(   )

110. 술자리에서 술을 마시지 않아도 흥을 돋울 수 있다. ·································(   )(   )

111. 한 번도 병원에 간 적이 없다. ·································································(   )(   )

112. 나쁜 일은 걱정이 되어서 어쩔 줄을 모른다. ···········································(   )(   )

113. 금세 무기력해지는 편이다. ······································································(   )(   )

114. 비교적 고분고분한 편이라고 생각한다. ··················································(   )(   )

115. 독자적으로 행동하는 편이다. ···································································(   )(   )

116. 적극적으로 행동하는 편이다. ···································································(   )(   )

117. 금방 감격하는 편이다. ············································································(   )(   )

118. 어떤 것에 대해서는 불만을 가진 적이 없다. ···········································(   )(   )

119. 밤에 못 잘 때가 많다. ············································································(   )(   )

120. 자주 후회하는 편이다. ·······················································································( )( )

121. 뜨거워지기 쉽고 식기 쉽다. ·······················································································( )( )

122. 자신만의 세계를 가지고 있다. ·······················································································( )( )

123. 많은 사람 앞에서도 긴장하는 일은 없다. ·······················································································( )( )

124. 말하는 것을 아주 좋아한다. ·······················································································( )( )

125. 인생을 포기하는 마음을 가진 적이 한 번도 없다. ·······················································································( )( )

126. 어두운 성격이다. ·······················································································( )( )

127. 금방 반성한다. ·······················································································( )( )

128. 활동범위가 넓은 편이다. ·······················································································( )( )

129. 자신을 끈기 있는 사람이라고 생각한다. ·······················································································( )( )

130. 좋다고 생각하더라도 좀 더 검토하고 나서 실행한다. ·······················································································( )( )

131. 위대한 인물이 되고 싶다. ·······················································································( )( )

132. 한 번에 많은 일을 떠맡아도 힘들지 않다. ·······················································································( )( )

133. 사람과 만날 약속은 부담스럽다. ·······················································································( )( )

134. 질문을 받으면 충분히 생각하고 나서 대답하는 편이다. ·······················································································( )( )

135. 머리를 쓰는 것보다 땀을 흘리는 일이 좋다. ·······················································································( )( )

136. 결정한 것에는 철저히 구속받는다. ·······················································································( )( )

137. 외출 시 문을 잠갔는지 몇 번을 확인한다. ·······················································································( )( )

138. 이왕 할 거라면 일등이 되고 싶다. ·······················································································( )( )

139. 과감하게 도전하는 타입이다. ·······················································································( )( )

140. 자신은 사교적이 아니라고 생각한다. ·······················································································( )( )

141. 무심코 도리에 대해서 말하고 싶어진다. ·······················································································( )( )

142. '항상 건강하네요'라는 말을 듣는다. ·······················································································( )( )

143. 단념하면 끝이라고 생각한다. ·······················································································( )( )

144. 예상하지 못한 일은 하고 싶지 않다. ·······················································································( )( )

145. 파란만장하더라도 성공하는 인생을 걸고 싶다. ·······················································································( )( )

146. 활기찬 편이라고 생각한다. ·······················································································( )( )

147. 소극적인 편이라고 생각한다. ·······················································································( )( )

148. 무심코 평론가가 되어 버린다. ·······················································································( )( )

149. 자신은 성급하다고 생각한다. ·······················································································( )( )

150. 꾸준히 노력하는 타입이라고 생각한다. ·······················································································( )( )

151. 내일의 계획이라도 메모한다. ·······················································································( )( )

152. 리더십이 있는 사람이 되고 싶다. ································( ) ( )

153. 열정적인 사람이라고 생각한다. ································( ) ( )

154. 다른 사람 앞에서 이야기를 잘 하지 못한다. ················( ) ( )

155. 통찰력이 있는 편이다. ·········································( ) ( )

156. 엉덩이가 가벼운 편이다. ·······································( ) ( )

157. 여러 가지로 구애됨이 있다. ···································( ) ( )

158. 돌다리도 두들겨 보고 건너는 쪽이 좋다. ··················( ) ( )

159. 자신에게는 권력욕이 있다. ···································( ) ( )

160. 업무를 할당받으면 기쁘다. ···································( ) ( )

161. 사색적인 사람이라고 생각한다. ·····························( ) ( )

162. 비교적 개혁적이다. ············································( ) ( )

163. 좋고 싫음으로 정할 때가 많다. ·····························( ) ( )

164. 전통에 구애되는 것은 버리는 것이 적절하다. ·············( ) ( )

165. 교제 범위가 좁은 편이다. ·····································( ) ( )

166. 발상의 전환을 할 수 있는 타입이라고 생각한다. ·········( ) ( )

167. 너무 주관적이어서 실패한다. ·································( ) ( )

168. 현실적이고 실용적인 면을 추구한다. ······················( ) ( )

169. 내가 어떤 배우의 팬인지 아무도 모른다. ·················( ) ( )

170. 현실보다 가능성이다. ·········································( ) ( )

171. 마음이 담겨 있으면 선물은 아무 것이나 좋다. ···········( ) ( )

172. 여행은 마음대로 하는 것이 좋다. ··························( ) ( )

173. 추상적인 일에 관심이 있는 편이다. ·······················( ) ( )

174. 일은 대담히 하는 편이다. ·····································( ) ( )

175. 괴로워하는 사람을 보면 우선 동정한다. ··················( ) ( )

176. 가치기준은 자신의 안에 있다고 생각한다. ···············( ) ( )

177. 조용하고 조심스러운 편이다. ·································( ) ( )

178. 상상력이 풍부한 편이라고 생각한다. ······················( ) ( )

179. 의리, 인정이 두터운 상사를 만나고 싶다. ···············( ) ( )

180. 인생의 앞날을 알 수 없어 재미있다. ·····················( ) ( )

181. 밝은 성격이다. ················································( ) ( )

182. 별로 반성하지 않는다. ········································( ) ( )

183. 활동범위가 좁은 편이다. ·····································( ) ( )

184. 자신을 시원시원한 사람이라고 생각한다. ……………………………………………………( )( )

185. 좋다고 생각하면 바로 행동한다. ……………………………………………………………( )( )

186. 좋은 사람이 되고 싶다. ………………………………………………………………………( )( )

187. 한 번에 많은 일을 떠맡는 것은 골칫거리라고 생각한다. ………………………………( )( )

188. 사람과 만날 약속은 즐겁다. …………………………………………………………………( )( )

189. 질문을 받으면 그때의 느낌으로 대답하는 편이다. ………………………………………( )( )

190. 땀을 흘리는 것보다 머리를 쓰는 일이 좋다. ……………………………………………( )( )

191. 결정한 것이라도 그다지 구속받지 않는다. …………………………………………………( )( )

192. 외출 시 문을 잠갔는지 별로 확인하지 않는다. ……………………………………………( )( )

193. 지위에 어울리면 된다. …………………………………………………………………………( )( )

194. 안전책을 고르는 타입이다. ……………………………………………………………………( )( )

195. 자신은 사교적이라고 생각한다. ………………………………………………………………( )( )

196. 도리는 상관없다. ………………………………………………………………………………( )( )

197. '침착하네요'라는 말을 듣는다. ………………………………………………………………( )( )

198. 단념이 중요하다고 생각한다. …………………………………………………………………( )( )

199. 예상하지 못한 일도 해보고 싶다. ……………………………………………………………( )( )

200. 평범하고 평온하게 행복한 인생을 살고 싶다. ……………………………………………( )( )

201. 몹시 귀찮아하는 편이라고 생각한다. ………………………………………………………( )( )

202. 특별히 소극적이라고 생각하지 않는다. ……………………………………………………( )( )

203. 이것저것 평하는 것이 싫다. …………………………………………………………………( )( )

204. 자신은 성급하지 않다고 생각한다. …………………………………………………………( )( )

205. 꾸준히 노력하는 것을 잘 하지 못한다. ……………………………………………………( )( )

206. 내일의 계획은 머릿속에 기억한다. …………………………………………………………( )( )

207. 협동성이 있는 사람이 되고 싶다. ……………………………………………………………( )( )

208. 열정적인 사람이라고 생각하지 않는다. ……………………………………………………( )( )

209. 다른 사람 앞에서 이야기를 잘한다. …………………………………………………………( )( )

210. 행동력이 있는 편이다. …………………………………………………………………………( )( )

211. 엉덩이가 무거운 편이다. ………………………………………………………………………( )( )

212. 특별히 구애받는 것이 없다. …………………………………………………………………( )( )

213. 돌다리는 두들겨 보지 않고 건너도 된다. …………………………………………………( )( )

214. 자신에게는 권력욕이 없다. ……………………………………………………………………( )( )

215. 업무를 할당받으면 부담스럽다. ………………………………………………………………( )( )

216. 활동적인 사람이라고 생각한다. ·······················································( )( )
217. 비교적 보수적이다. ···········································································( )( )
218. 손해인지 이익인지로 정할 때가 많다. ···············································( )( )
219. 전통을 견실히 지키는 것이 적절하다. ···············································( )( )
220. 교제 범위가 넓은 편이다. ································································( )( )
221. 상식적인 판단을 할 수 있는 타입이라고 생각한다. ······························( )( )
222. 너무 객관적이어서 실패한다. ··························································( )( )
223. 보수적인 면을 추구한다. ································································( )( )
224. 내가 누구의 팬인지 주변의 사람들이 안다. ······································( )( )
225. 가능성보다 현실이다. ······································································( )( )
226. 그 사람이 필요한 것을 선물하고 싶다. ·············································( )( )
227. 여행은 계획적으로 하는 것이 좋다. ·················································( )( )
228. 구체적인 일에 관심이 있는 편이다. ·················································( )( )
229. 일은 착실히 하는 편이다. ·······························································( )( )
230. 괴로워하는 사람을 보면 우선 이유를 생각한다. ·································( )( )
231. 가치기준은 자신의 밖에 있다고 생각한다. ········································( )( )
232. 밝고 개방적인 편이다. ····································································( )( )
233. 현실 인식을 잘하는 편이라고 생각한다. ···········································( )( )
234. 공평하고 공적인 상사를 만나고 싶다. ·············································( )( )
235. 시시해도 계획적인 인생이 좋다. ·····················································( )( )
236. 적극적으로 사람들과 관계를 맺는 편이다. ········································( )( )
237. 활동적인 편이다. ···········································································( )( )
238. 몸을 움직이는 것을 좋아하지 않는다. ·············································( )( )
239. 쉽게 질리는 편이다. ······································································( )( )
240. 경솔한 편이라고 생각한다. ·····························································( )( )
241. 인생의 목표는 손이 닿을 정도면 된다. ············································( )( )
242. 무슨 일도 좀처럼 시작하지 못한다. ················································( )( )
243. 초면인 사람과도 바로 친해질 수 있다. ············································( )( )
244. 행동하고 나서 생각하는 편이다. ·····················································( )( )
245. 쉬는 날은 집에 있는 경우가 많다. ··················································( )( )
246. 완성되기 전에 포기하는 경우가 많다. ·············································( )( )
247. 계획 없는 여행을 좋아한다. ···························································( )( )
248. 욕심이 없는 편이라고 생각한다. ·····················································( )( )
249. 활동력이 별로 없다. ······································································( )( )
250. 많은 사람들과 왁자지껄하게 식사하는 것을 좋아한다. ·······················( )( )

## >> 예시 2

**┃1~15┃** 다음 주어진 보기 중에서 자신과 가장 가깝다고 생각하는 것은 'ㄱ'에 표시하고, 자신과 가장 멀다고 생각하는 것은 'ㅁ'에 표시하시오.

**1**
① 모임에서 리더에 어울리지 않는다고 생각한다.
② 착실한 노력으로 성공한 이야기를 좋아한다.
③ 어떠한 일에도 의욕없이 임하는 편이다.
④ 학급에서는 존재가 두드러졌다.

| ㄱ | ① ② ③ ④ |
|---|---|
| ㅁ | ① ② ③ ④ |

**2**
① 아무것도 생각하지 않을 때가 많다.
② 스포츠는 하는 것보다는 보는 게 좋다.
③ 성격이 급한 편이다.
④ 비가 오지 않으면 우산을 가지고 가지 않는다.

| ㄱ | ① ② ③ ④ |
|---|---|
| ㅁ | ① ② ③ ④ |

**3**
① 1인자보다는 조력자의 역할을 좋아한다.
② 의리를 지키는 타입이다.
③ 리드를 하는 편이다.
④ 남의 이야기를 잘 들어준다.

| ㄱ | ① ② ③ ④ |
|---|---|
| ㅁ | ① ② ③ ④ |

**4**
① 여유 있게 대비하는 타입이다.
② 업무가 진행 중이라도 야근을 하지 않는다.
③ 즉흥적으로 약속을 잡는다.
④ 노력하는 과정이 결과보다 중요하다.

| ㄱ | ① ② ③ ④ |
|---|---|
| ㅁ | ① ② ③ ④ |

**5**

① 무리해서 행동할 필요는 없다.

② 유행에 민감하다고 생각한다.

③ 정해진 대로 움직이는 편이 안심된다.

④ 현실을 직시하는 편이다.

| ㄱ | ① ② ③ ④ |
|---|---|
| ㅁ | ① ② ③ ④ |

**6**

① 자유보다 질서를 중요시하는 편이다.

② 사람들과 이야기하는 것을 좋아한다.

③ 경험에 비추어 판단하는 편이다.

④ 영화나 드라마는 각본의 완성도나 화면구성에 주목한다.

| ㄱ | ① ② ③ ④ |
|---|---|
| ㅁ | ① ② ③ ④ |

**7**

① 혼자 자유롭게 생활하는 것이 편하다.

② 다른 사람의 소문에 관심이 많다.

③ 실무적인 편이다.

④ 비교적 냉정한 편이다.

| ㄱ | ① ② ③ ④ |
|---|---|
| ㅁ | ① ② ③ ④ |

**8**

① 협조성이 있다고 생각한다.

② 친한 친구의 휴대폰 번호는 대부분 외운다.

③ 정해진 순서에 따르는 것을 좋아한다.

④ 이성적인 사람으로 남고 싶다.

| ㄱ | ① ② ③ ④ |
|---|---|
| ㅁ | ① ② ③ ④ |

**9**
① 단체 생활을 잘 한다.
② 세상의 일에 관심이 많다.
③ 인정을 추구하는 편이다.
④ 도전하는 것이 즐겁다.

| ㄱ | ① ② ③ ④ |
|---|---|
| ㅁ | ① ② ③ ④ |

**10**
① 되도록 환경은 변하지 않는 것이 좋다.
② 밝은 성격이다.
③ 지나간 일에 연연하지 않는다.
④ 활동범위가 좁은 편이다.

| ㄱ | ① ② ③ ④ |
|---|---|
| ㅁ | ① ② ③ ④ |

**11**
① 자신을 시원시원한 사람이라고 생각한다.
② 좋다고 생각하면 바로 행동한다.
③ 세상에 필요한 사람이 되고 싶다.
④ 한 번에 많은 일을 떠맡는 것은 골칫거리라고 생각한다.

| ㄱ | ① ② ③ ④ |
|---|---|
| ㅁ | ① ② ③ ④ |

**12**
① 사람과 만나는 것이 즐겁다.
② 질문을 받으면 그때의 느낌으로 대답하는 편이다.
③ 땀을 흘리는 것보다 머리를 쓰는 일이 좋다.
④ 이미 결정된 것이라도 그다지 구속받지 않는다.

| ㄱ | ① ② ③ ④ |
|---|---|
| ㅁ | ① ② ③ ④ |

**13**

① 외출 시 문을 잠갔는지 잘 확인하지 않는다.

② 권력욕이 있다.

③ 안전책을 고르는 타입이다.

④ 자신이 사교적이라고 생각한다.

| ㄱ | ① ② ③ ④ |
|---|---|
| ㅁ | ① ② ③ ④ |

**14**

① 예절·규칙·법 따위에 민감하다.

② '참 착하네요'라는 말을 자주 듣는다.

③ 내가 즐거운 것이 최고다.

④ 누구도 예상하지 못한 일을 해보고 싶다.

| ㄱ | ① ② ③ ④ |
|---|---|
| ㅁ | ① ② ③ ④ |

**15**

① 평범하고 평온하게 행복한 인생을 살고 싶다.

② 모험하는 것이 좋다.

③ 특별히 소극적이라고 생각하지 않는다.

④ 이것저것 평하는 것이 싫다.

| ㄱ | ① ② ③ ④ |
|---|---|
| ㅁ | ① ② ③ ④ |

## 〉〉 예시 3

┃1~10┃ 다음은 직장생활이나 사회생활에서 겪을 수 있는 상황들이다. 각 상황에 대한 반응의 적당한 정도를 표시하시오.

**1** 회사의 아이디어 공모에 평소 당신이 생각했던 것을 알고 있던 동료가 자기 이름으로 제안을 하여 당선이 되었다면 당신은 어떻게 할 것인가?

a. 나의 아이디어였음을 솔직히 말하고 당선을 취소시킨다.

| 매우 바람직하다 | | | | | | 전혀 바람직하지 않다. |
|---|---|---|---|---|---|---|
| ① | ② | ③ | ④ | ⑤ | ⑥ | ⑦ |

b. 동료에게 나의 아이디어였음을 말하고 설득한다.

| 매우 바람직하다 | | | | | | 전혀 바람직하지 않다. |
|---|---|---|---|---|---|---|
| ① | ② | ③ | ④ | ⑤ | ⑥ | ⑦ |

c. 모른 척 그냥 넘어간다.

| 매우 바람직하다 | | | | | | 전혀 바람직하지 않다. |
|---|---|---|---|---|---|---|
| ① | ② | ③ | ④ | ⑤ | ⑥ | ⑦ |

d. 상사에게 동료가 가로챈 것이라고 알린다.

| 매우 바람직하다 | | | | | | 전혀 바람직하지 않다. |
|---|---|---|---|---|---|---|
| ① | ② | ③ | ④ | ⑤ | ⑥ | ⑦ |

**2** 회사에서 근무를 하던 중 본의 아닌 실수를 저질렀다. 그로 인하여 상사로부터 꾸지람을 듣게 되었는데 당신의 실수에 비해 상당히 심한 인격적 모독까지 듣게 되었다면 당신은 어떻게 할 것인가?

a. 부당한 인격적 모욕에 항의한다.

| 매우 바람직하다 | | | | | | 전혀 바람직하지 않다. |
|---|---|---|---|---|---|---|
| ① | ② | ③ | ④ | ⑤ | ⑥ | ⑦ |

b. 그냥 자리로 돌아가 일을 계속 한다.

| 매우 바람직하다 | | | | | | 전혀 바람직하지 않다. |
|---|---|---|---|---|---|---|
| ① | ② | ③ | ④ | ⑤ | ⑥ | ⑦ |

c. 더 위의 상사에게 보고하여 그 상사의 사직을 권고한다.

| 매우 바람직하다 | | | | | | 전혀 바람직하지 않다. |
|---|---|---|---|---|---|---|
| ① | ② | ③ | ④ | ⑤ | ⑥ | ⑦ |

d. 동료들에게 상사의 험담을 한다.

| 매우 바람직하다 | | | | | | 전혀 바람직하지 않다. |
|---|---|---|---|---|---|---|
| ① | ② | ③ | ④ | ⑤ | ⑥ | ⑦ |

**3**  회사의 비품이 점점 없어지고 있다. 그런데 당신이 범인이라는 소문이 퍼져 있다면 당신은 어떻게 할 것인가?

a. 내가 아니면 그만이므로 그냥 참고 모른 척 한다.

| 매우 바람직하다 | | | | | | 전혀 바림직하지 않다. |
|---|---|---|---|---|---|---|
| ① | ② | ③ | ④ | ⑤ | ⑥ | ⑦ |

b. 소문을 퍼트린 자를 찾아낸다.

| 매우 바람직하다 | | | | | | 전혀 바람직하지 않다. |
|---|---|---|---|---|---|---|
| ① | ② | ③ | ④ | ⑤ | ⑥ | ⑦ |

c. 사람들에게 억울함을 호소한다.

| 매우 바람직하다 | | | | | | 전혀 바람직하지 않다. |
|---|---|---|---|---|---|---|
| ① | ② | ③ | ④ | ⑤ | ⑥ | ⑦ |

d. 회사 물품뿐만 아니라 회사 기밀도 마구 빼돌렸다고 과장된 거짓말을 한다.

| 매우 바람직하다 | | | | | | 전혀 바람직하지 않다. |
|---|---|---|---|---|---|---|
| ① | ② | ③ | ④ | ⑤ | ⑥ | ⑦ |

**4** 상사가 직원들과 대화를 할 때 항상 반말을 하며, 이름을 함부로 부른다. 당신은 어떻게 하겠는가?

a. 참고 지나간다.

| 매우 바람직하다 | | | | | | 전혀 바람직하지 않다. |
|---|---|---|---|---|---|---|
| ① | ② | ③ | ④ | ⑤ | ⑥ | ⑦ |

b. 상사에게 존댓말과 바른 호칭을 쓸 것을 요구한다.

| 매우 바람직하다 | | | | | | 전혀 바람직하지 않다. |
|---|---|---|---|---|---|---|
| ① | ② | ③ | ④ | ⑤ | ⑥ | ⑦ |

c. 더 위의 상사에게 이런 상황에 대한 불쾌감을 호소한다.

| 매우 바람직하다 | | | | | | 전혀 바람직하지 않다. |
|---|---|---|---|---|---|---|
| ① | ② | ③ | ④ | ⑤ | ⑥ | ⑦ |

d. 듣지 못한 척 한다.

| 매우 바람직하다 | | | | | | 전혀 바람직하지 않다. |
|---|---|---|---|---|---|---|
| ① | ② | ③ | ④ | ⑤ | ⑥ | ⑦ |

**5** 신입사원으로 출근을 한 지 한 달이 지났지만 사무실의 분위기와 환경이 잘 맞지 않아 적응하는 게 무척 힘들고 어렵다고 느끼고 있다. 그러나 어렵게 입사한 직장이라 더욱 부담은 커지고 하루하루 지친다는 생각이 든다. 당신은 어떻게 하겠는가?

a. 분위기에 적응하려고 애쓴다.

| 매우 바람직하다 | | | | | | 전혀 바람직하지 않다. |
|:---:|:---:|:---:|:---:|:---:|:---:|:---:|
| ① | ② | ③ | ④ | ⑤ | ⑥ | ⑦ |

b. 상사에게 힘든 사항을 말하고 조언을 구한다.

| 매우 바람직하다 | | | | | | 전혀 바람직하지 않다. |
|:---:|:---:|:---:|:---:|:---:|:---:|:---:|
| ① | ② | ③ | ④ | ⑤ | ⑥ | ⑦ |

c. 여가시간을 활용한 다른 취미생활을 찾아본다.

| 매우 바람직하다 | | | | | | 전혀 바람직하지 않다. |
|:---:|:---:|:---:|:---:|:---:|:---:|:---:|
| ① | ② | ③ | ④ | ⑤ | ⑥ | ⑦ |

d. 다른 직장을 알아본다.

| 매우 바람직하다 | | | | | | 전혀 바람직하지 않다. |
|:---:|:---:|:---:|:---:|:---:|:---:|:---:|
| ① | ② | ③ | ④ | ⑤ | ⑥ | ⑦ |

**6** 당신이 야근을 마치고 엘리베이터를 타고 내려가고 있는데 갑자기 정전이 되었다면 어떻게 할 것인가?

a. 비상벨을 누른다.

매우 바람직하다                                              전혀 바람직하지 않다.

| ① | ② | ③ | ④ | ⑤ | ⑥ | ⑦ |

b. 사람을 부른다.

매우 바람직하다                                              전혀 바람직하지 않다.

| ① | ② | ③ | ④ | ⑤ | ⑥ | ⑦ |

c. 핸드폰으로 도움을 요청한다.

매우 바람직하다                                              전혀 바람직하지 않다.

| ① | ② | ③ | ④ | ⑤ | ⑥ | ⑦ |

d. 소리를 지른다.

매우 바람직하다                                              전혀 바람직하지 않다.

| ① | ② | ③ | ④ | ⑤ | ⑥ | ⑦ |

**7**  30명의 회사직원들과 함께 산악회를 결성하여 산행을 가게 되었다. 그런데 오후 12시에 산 밑으로 배달되기로 했던 도시락이 배달되지 않아, 우유와 빵으로 점심을 때우게 되었다. 점심을 다 먹고 난 후 도시락 배달원이 도착하였는데 음식점 주인이 실수로 배달장소를 다른 곳으로 알려주는 바람에 늦었다고 한다. 당신은 어떻게 할 것인가?

a. 음식점 주인의 잘못이므로 돈을 주지 않는다.

| 매우 바람직하다 | | | | | | 전혀 바람직하지 않다. |
|---|---|---|---|---|---|---|
| ① | ② | ③ | ④ | ⑤ | ⑥ | ⑦ |

b. 빵과 우유값을 공제한 음식값을 지불한다.

| 매우 바람직하다 | | | | | | 전혀 바람직하지 않다. |
|---|---|---|---|---|---|---|
| ① | ② | ③ | ④ | ⑤ | ⑥ | ⑦ |

c. 음식점 주인의 잘못이므로 절반의 돈만 준다.

| 매우 바람직하다 | | | | | | 전혀 바람직하지 않다. |
|---|---|---|---|---|---|---|
| ① | ② | ③ | ④ | ⑤ | ⑥ | ⑦ |

d. 늦게라도 도착하였으므로 돈을 전액 주도록 한다.

| 매우 바람직하다 | | | | | | 전혀 바람직하지 않다. |
|---|---|---|---|---|---|---|
| ① | ② | ③ | ④ | ⑤ | ⑥ | ⑦ |

**8** 회사의 사정이 좋지 않아 직원을 채용하지 못해 업무량만 늘어나고 있다. 동료 중 한 명이 회사를 떠나려고 사직을 준비하고 있다. 당신은 어떻게 하겠는가?

a. 회사 사정이 좋아질 때까지 조금만 더 참을 것을 요구한다.

| 매우 바람직하다 | | | | | | 전혀 바람직하지 않다. |
|---|---|---|---|---|---|---|
| ① | ② | ③ | ④ | ⑤ | ⑥ | ⑦ |

b. 내 업무만 신경 쓴다.

| 매우 바람직하다 | | | | | | 전혀 바람직하지 않다. |
|---|---|---|---|---|---|---|
| ① | ② | ③ | ④ | ⑤ | ⑥ | ⑦ |

c. 동료가 다른 직장을 구했는지 알아보고 그 회사가 직원을 더 구하고 있는지 알아본다.

| 매우 바람직하다 | | | | | | 전혀 바람직하지 않다. |
|---|---|---|---|---|---|---|
| ① | ② | ③ | ④ | ⑤ | ⑥ | ⑦ |

d. 같이 퇴사할 것을 고려해 본다.

| 매우 바람직하다 | | | | | | 전혀 바람직하지 않다. |
|---|---|---|---|---|---|---|
| ① | ② | ③ | ④ | ⑤ | ⑥ | ⑦ |

9    회사에서 구조조정을 한다는 소문이 돌고 있으며, 상사와 동료들로부터 냉정하고 따가운 시선이 느껴진다면 당신은 어떻게 하겠는가?

a. 모르는 척 무시한다.

| 매우 바람직하다 | | | | | | 전혀 바람직하지 않다. |
|---|---|---|---|---|---|---|
| ① | ② | ③ | ④ | ⑤ | ⑥ | ⑦ |

b. 퇴사를 준비한다.

| 매우 바람직하다 | | | | | | 전혀 바람직하지 않다. |
|---|---|---|---|---|---|---|
| ① | ② | ③ | ④ | ⑤ | ⑥ | ⑦ |

c. 싸늘한 시선이 느껴짐을 사람들 앞에서 큰소리로 말한다.

| 매우 바람직하다 | | | | | | 전혀 바람직하지 않다. |
|---|---|---|---|---|---|---|
| ① | ② | ③ | ④ | ⑤ | ⑥ | ⑦ |

d. 다른 사람의 잘못된 점을 은근슬쩍 꼬집어 상사에게 말한다.

| 매우 바람직하다 | | | | | | 전혀 바람직하지 않다. |
|---|---|---|---|---|---|---|
| ① | ② | ③ | ④ | ⑤ | ⑥ | ⑦ |

**10** 평소 애인과 함께 보고 싶었던 유명한 오케스트라 공연 티켓을 간신히 구했다. 회사를 막 퇴근하려고 하는데 상사로부터 전원 야근이라는 소리를 들었다. 당신은 어떻게 하겠는가?

a. 상사에게 양해를 구하고 공연을 보러 간다.

| 매우 바람직하다 | | | | | | 전혀 바람직하지 않다. |
|---|---|---|---|---|---|---|
| ① | ② | ③ | ④ | ⑤ | ⑥ | ⑦ |

b. 티켓을 환불하고 다음에 다른 공연을 보러 가자고 애인에게 알린다.

| 매우 바람직하다 | | | | | | 전혀 바람직하지 않다. |
|---|---|---|---|---|---|---|
| ① | ② | ③ | ④ | ⑤ | ⑥ | ⑦ |

c. 공연 관람 후 다시 회사로 돌아와 야근을 한다.

| 매우 바람직하다 | | | | | | 전혀 바람직하지 않다. |
|---|---|---|---|---|---|---|
| ① | ② | ③ | ④ | ⑤ | ⑥ | ⑦ |

d. 애인에게 티켓을 주고 다른 사람과 보러 가라고 한다.

| 매우 바람직하다 | | | | | | 전혀 바람직하지 않다. |
|---|---|---|---|---|---|---|
| ① | ② | ③ | ④ | ⑤ | ⑥ | ⑦ |

# 면접

성공적인 취업을 위한 면접의 기본 및 면접기출을 수록하여
취업의 마무리까지 깔끔하게 책임집니다.

PART

**IV**

# 면접

# 면접의 기본

**01**

CHAPTER

## 1 면접 준비

### (1) 복장

면접에서는 무엇보다 첫인상이 중요하므로 지나치게 화려하거나 개성이 강한 스타일은 피하고 단정한 이미지를 심어주도록 한다. 면접시 복장은 지원하는 기업의 사풍이나 지원 분야에 따라 달라질 수 있으므로 미리 가서 성향을 파악하는 것도 도움이 된다.

① 남성

 ㉠ 양복 : 단색으로 하여 넥타이나 셔츠로 포인트를 주는 것이 효과적이며 색상은 감청색이 기장 품위 있어 보인다.

 ㉡ 셔츠 : 흰색을 가장 선호하나 자신의 피부색에 맞추는 것이 좋고, 푸른색이나 베이지색은 산뜻한 느낌을 준다.

 ㉢ 넥타이 : 남성이 복장에서 가장 포인트를 줄 수 있는 것으로 색과 폭까지 함께 고려하여 뚱뚱한 사람이 폭이 가는 넥타이를 매는 일이 없도록 한다.

 ※ **주의사항** … 우리나라의 경우 여름에는 반팔셔츠를 입는 것도 무난하나 외국계 기업일 경우 이는 실례가 된다. 또한 양말을 신을 경우 절대로 흰색은 피한다.

② 여성

 ㉠ 의상 : 단정한 스커트투피스 정장이나 슬랙스 슈트 정장도 무난하며 베이지나 그레이, 브라운 계열이 적당하다.

 ㉡ 소품 : 핸드백, 스타킹, 구두 등과 같은 계열로 코디하는 것이 좋으며 구두는 너무 높거나 낮은 굽을 피해 5cm 정도가 적당하다.

 ㉢ 액세서리 : 너무 크거나 화려한 것은 좋지 않으며, 많이 하는 것도 좋은 인상을 주지 못하므로 주의한다.

 ㉣ 화장 : 자연스럽고 밝은 이미지를 표현하는 것이 좋으며 진한 화장은 인상이 강해보일 수 있으므로 피하자.

### (2) 목소리

면접은 주로 면접관과 지원자의 대화로 이루어지므로 음성이 미치는 영향은 상당하다. 답변을 할 때에 부드러우면서도 활기차고 생동감 있는 목소리로 하면, 상대방에게 호감을 줄 수 있으며 여기에 적당한 제스처가 더해진다면 상승효과를 이룰 수 있다. 그러나 적절한 답변을 하였어도 콧소리나 날카로운 목소리는 답변의 신뢰성을 떨어뜨릴 수 있으며 불쾌감을 줄 수 있다.

### (3) 사진

① 이력서용 사진의 경우 최근 3개월 이내에 찍은 증명사진이어야 하며 증명사진이 아닌 일반 사진을 오려서 붙이는 것은 예의가 아니다. 요즘 입사원서를 온라인으로 받는 경우가 많아졌는데 이때 주의할 것은 사진을 첨부하는 것이다. 이력서에 사진을 붙이는 것은 기본이며 붙이지 않을 경우 컴퓨터 사용능력이 부족한 것으로 판단될 수 있으므로 꼭 확인하자.

② 회사에 대한 지원자의 열의를 엿볼 수 있는 것이 사진이다. 당신이 인사 담당자라면 스펙이 비슷할 때 캐주얼 복장의 어두운 표정의 사람과 깔끔한 정장에 단정한 머리, 활기찬 표정의 사람 중 누구를 뽑겠는가. 우리를 사용하기 위해 평가하는 이의 입장에서 생각해 보자. 면접관도 감성이 있는 사람이라는 것을 생각해 보았을 때 굳이 나의 무성의함으로 불쾌감을 주지 말고 정성껏 준비하여 가장 좋은 모습을 보여주자.

③ 만일 사진과 실물이 너무 다르다면 면접관은 우리의 진실성을 의심할 수도 있다. 포토샵으로 과대 포장한 나의 모습보다는 현실을 진솔하게 보여주는 것이 낫다.

④ 취업용 사진을 전문으로 하는 사진관이라고 할지라도 전적으로 믿고 맡겼다가는 큰 낭패를 볼 것이다. 재촬영을 하고 싶지 않으면 사진 촬영 후 기사와 함께 선별 작업을 하라. 맘에 드는 사진이 나오지 않았다면 당당하게 재촬영을 요구할 줄도 알아야 한다. 촬영 시 정장은 필수다. 하지만 너무 눈에 띄는 줄무늬, 남자의 경우 광택이 심한 정장 등은 피하는 것이 좋다. 또 남성들은 약간의 메이크업을 시도해 볼 기회이기도 하다. 특히 여성의 경우 얼짱 포즈는 자제하는 것이 좋고, 사진은 최근 3개월 이내의 것이 좋다. 그리고 휴대 전화, 화상 카메라 등으로 찍은 사진은 이력서용 사진으로 금물이다.

### (4) 이력서 작성 시 놓치기 쉬운 사항

모집공고에 간혹 '희망연봉을 명시하시오', '지망부서를 쓰시오' 등과 같은 요구 사항들이 있다. 이런 기업의 요구사항들을 제대로 파악하지 못하거나 무시한 채, 그냥 한번 넣어본다는 듯이 작성된 이력서는 인사담당자들의 눈 밖에 날 것이다. 특히 이곳 저곳 이력서를 뿌리는 가운데 다른 기업의 이름이 들어가게 되거나, 받는 사람의 이메일 주소가 여러 곳인 것을 인사담당자가 확인한다면 그 결과는 뻔하다. 이외에도 오타가 많은 이력서는 지원자의 무성의함을 부각시킨다. 한, 두 번만 읽어봐도 오타를 바로 잡을 수 있기 때문이다.

## 2 면접 시 준비사항

### (1) 지원회사에 대한 사전지식을 습득한다.

필기시험에 합격하거나 서류전형을 통과하면 보통 합격 통지 이후 면접시험 날짜가 정해진다. 이때 지원자는 면접시험을 대비해 본인이 지원한 계열사 또는 부서에 대해 다음과 같은 사항 정도는 알고 있는 것이 좋다.

① 회사의 연혁
② 회장 또는 사장의 이름, 출신학교, 전공과목 등
③ 회사에서 요구하는 신입사원의 인재상
④ 회사의 사훈, 사시, 경영이념, 창업정신
⑤ 회사의 대표적 상품과 그 특색
⑥ 업종별 계열 회사의 수
⑦ 해외 지사의 수와 그 위치
⑧ 신제품에 대한 기획 여부
⑨ 지원자가 평가할 수 있는 회사의 장·단점
⑩ 회사의 잠재적 능력 개발에 대한 각종 평가

### (2) 충분한 수면을 취해 몸의 상태를 최상으로 유지한다.

면접 전날에는 긴장하거나 준비가 미흡한 것 같아 잠을 설치게 된다. 이렇게 잠을 잘 자지 못하면 다음날 일어났을 때 피곤함을 느끼게 되고 몸 상태도 악화된다. 게다가 잠을 잘 못 잘 경우, 얼굴이 부스스하거나 목소리에 영향을 미칠 수 있으며 자신도 모르게 멍한 표정을 지을 수도 있다. 가능한 숙면을 취하고 안정적인 상태에서 면접에 임하는 것이 좋다.

### (3) 아침에 정보를 확인한다.

경제, 정치, 문화 등과 같은 시사 상식은 최근의 것을 질문하기 쉽다. 아침에 일어나서 뉴스 등을 유의해서 보고 자신의 생각을 정리해 두는 것이 좋다. 또한 면접일과 인접해 있는 국경일이나 행사 등이 있다면 그에 따른 생각을 정리해 두면 좋다.

## 3 면접 시 유의사항

### (1) 첫인상이 중요하다.

면접에서는 처음 1~2분 동안에 당락의 70% 정도가 결정될 정도로 첫인상이 중요하다고 한다. 그러므로 지원자는 자신감과 의지, 재능 등을 보여주어야 한다. 그리고 면접자와 눈을 맞추고 그가 설명을 하거나 말을 하면 적절한 반응을 보여준다.

### (2) 절대 지각해서는 안 된다.

우선 면접장소가 결정되면 교통편과 소요시간을 확인하고 가능하다면 미리 방문해 보는 것도 좋다. 당일 날에는 서둘러서 출발하여 면접 시간 10~15분 일찍 도착하여 회사를 둘러보고 환경에 익숙해지는 것이 좋다.

### (3) 면접대기시간의 행동도 평가된다.

지원자들은 대부분 면접실에서만 평가 받는다고 생각하나 절대 그렇지 않다. 면접진행자는 대부분 인사실무자이며 당락에 영향을 준다. 짧은 시간 동안 사람을 판단하는 것은 힘든 일이라 면접자는 지원자에 대한 평가에 대한 확신을 위해 타인의 의견을 듣고자 한다. 이때 면접진행자의 의견을 참고하므로 면접대기시간에도 행동과 말을 조심해야 한다. 또한, 면접을 마치고 돌아가는 그 순간까지도 행동과 말에 유의하여야 한다. 황당한 질문에 답변은 잘 했으나 복도에 나와서 흐트러진 모습을 보이거나 욕설을 하는 것도 다 평가되므로 주의한다.

### (4) 입실한 후에는 공손한 태도를 취한다.

① 본인 차례가 되어 호명되면 대답을 또렷하게 하고 들어간다. 만약 문이 닫혀있다면 상대에게 소리가 들릴 수 있을 정도로 노크를 두 번 한 후 대답을 듣고 나서 들어간다.

② 문을 여닫을 때에는 소리가 나지 않게 조용히 하며 공손한 자세로 인사한 후 성명과 수험번호를 말하고 면접관의 지시에 따라 자리에 앉는다. 이 경우 자리에 착석하라는 말이 없는데 의자에 앉으면 무례한 사람처럼 보일 수 있으므로 주의한다.

③ 의자에 앉을 때는 끝에 걸터앉지 말고 안쪽으로 깊숙이 앉아 무릎 위에 양손을 가지런히 얹는 것이 좋다.

### (5) 대답하기 난해한 개방형 질문도 반드시 답변을 해야 한다.

① 면접관의 질문에는 예, 아니오로 답할 수 있는 단답형도 있으나, 정답이 없는 개방형 질문이 있을 수 있다. 단답형 질문의 경우에는 간단명료하면서도 그렇게 생각하는 이유를 밝혀주는 것이 좋다. 그러나 개방형 질문은 평소에 충분히 생각하지 못했던 내용이라면 답변을 하기 힘들 수도 있다. 하지만 반드시 답변을 해야 한다. 자신의 생각이나 입장을 밝히지 않을 경우 소신이 없거나 혹은 분명한 입장이나 가치를 가지고 있지 않은 사람으로 비춰질 수 있다. 답변이 바로 떠오르지 않는다면, "잠시 생각을 정리할 시간을 주시겠습니까?"하고 요청을 해도 괜찮다.

② 평소에 잘 알고 있는 문제라면 답변을 잘 할 수 있을 것이다. 그러나 이런 경우 주의할 것은 면접자와 가치 논쟁을 할 필요가 없다는 것이다. 정답이 정해져 있지 않은 경우에는 가치관이나 성장배경에 따라 문제를 받아들이는 태도에서 답변까지 충분히 차이가 있을 수 있다. 그런데 그것을 굳이 지적하고 고치려 드는 것은 좋지 않다.

### (6) 답변은 자신감과 의지가 드러나게 한다.

면접을 히다 보면 미래를 예측해야 하는 질문이 있다. 이 때는 너무 많은 상황을 고려하지 말고, 긍정적인 내용으로 자심감있게 답변하는 것이 좋다.

### (7) 자신의 장·단점을 잘 알고 있어야 한다.

면접을 하다 보면 나에 대해서 부정적인 말을 해야 될 경우가 있다. 이 때에는 자신의 약점을 솔직하게 말하되 너무 자신을 비하하지 말아야 한다. 그리고 가능한 단점을 짧게 말하고 뒤이어 장점을 말하는 것이 좋다.

### (8) 대답은 항상 정직해야 한다.

면접이라는 것이 아무리 본인의 장점을 부각시키고 단점을 축소시키는 것이라고 해도 절대로 거짓말을 해서는 안 된다. 거짓말을 하게 되면 지원자는 불안하거나 꺼림칙한 마음이 남아 있어 면접에 집중하지 못하게 되고 면접관은 그것을 놓치지 않는다. 거짓말은 그 사람에 대한 신뢰성을 떨어뜨리며 이로 인해 다른 조건이 좋다하더라도 탈락할 수 있다.

### (9) 지원동기에는 가치관이 반영되어야 한다.

면접에서 거의 항상 물어보는 질문은 지원동기에 관한 것이다. 어떤 응시자들은 이 질문을 대수롭지 않게 여기거나, 중요한 것은 알지만 적당한 내용을 찾지 못해 추상적으로 답변하는 경우가 많다. 이런 경우 면접관들은 응시자의 생각을 알 수 없거나 성의가 없다고 생각하기 쉬우므로 그 내용 안에 자신의 가치관이 내포되도록 답변한다. 이러한 답변은 면접관에게 응시자가 직업을 통해 자신의 가치관을 실현하기 위한 과정이라는 인상을 주게 되므로 적극적인 삶의 자세를 볼 수 있게 한다.

### ⑩ 경력직일 경우 전(前) 직장에 대한 험담은 하지 않는다.

응시자에게 이전 직장에서 무슨 일이 있었는지, 그 곳 상사들이 어땠는지 등은 그다지 면접관이 궁금해 하는 사항이 아니다. 전 직장에 대해 험담을 늘어놓는다든가, 동료와 상사들에 대한 악담을 하게 된다면 오히려 부정적인 이미지를 심어 줄 수 있다. 만약 전 직장에 대한 말을 할 필요성이 있다면 가능한 객관적으로 이야기하는 것이 좋다.

### ⑪ 대답 시의 유의사항

① 질문이 주어지자 마자 답변하는 것은 미리 예상한 답을 외워두었다가 잊어버리기 전에 말하는 것으로 오인할 수 있으며, 침착하지 못하고 즉흥적인 사람으로 비춰지기 쉽다.

② 질문에 대한 답변을 할 때에는 면접관과의 거리를 생각해서 너무 작게 하는 것은 좋지 않으나 큰 소리로 이야기하면 면접관이 부담을 느끼게 된다. 자신있는 답변이라고 해서 너무 빠르게 많이 말하지 않아야 하며, 자신의 답변이 적당하지 못했다고 느꼈을 경우 머리를 만지거나 혀를 내미는 등의 행동은 좋지 못하다. 그리고 정해진 답변 외에 적절하지 않은 농담은 경망스러워 보이거나 취업에 열의가 없어 보이기도 한다.

③ 가장 중요한 것은 올바른 언어의 구사이다. 존대어와 겸양어를 혼동하기도 하고 인터넷어를 자기도 모르게 사용하기도 하는데 이는 면접 실패의 원인이 될 수 있다.

### ⑫ 옷매무새를 자주 고치지 마라.

여성들의 경우 이러한 모습이 특히 두드러지는데 외모에 너무 신경을 쓰거나 긴장하여 머리를 계속 쓸어 올리거나 치마 끝을 만지작거리는 경우가 있다. 특히 너무 짧은 치마를 입고서 치마를 끌어 내리는 행동은 좋지 못하다.

### ⑬ 다리를 떨거나 산만한 시선은 금물이다.

① 자신도 모르게 다리를 떨거나 손가락을 만지는 등의 행동을 하는 사람들이 많다. 이는 면접관의 주의를 끌 뿐만 아니라 불안하고 산만한 사람이라는 느낌을 주게 된다.

② 면접관과 시선을 맞추지 못하고 여기저기 둘러보는 듯한 산만한 시선은 거짓말을 하고 있다고 여겨지거나 신뢰성이 떨어진다고 생각하기 쉽다.

### ⒁ 질문의 기회를 활용하자.

면접관이 "면접을 마치겠네." 혹은 "면접과는 상관없는 것인데….."하면서 질문을 유도하기도 한다. 이 경우 면접관이 하는 말은 지원자를 안심시켜 마음을 알고자 하는 것으로 거기에 넘어가서는 안 된다. "물어볼 것이 있나?"라는 말은 우리 회사에서 가장 관심이 있는 것이 무엇이냐는 말과 같은 의미이므로 유급휴가나 복리후생에 관한 질문 등을 하게 되면 일보다는 휴가에 관심이 많은 사람이라는 인식을 주게 된다. 이런 내용들은 다른 정보망을 활용하여 미리 파악해 두는 것이 좋으므로 업무에 관련된 질문으로 하고자 하는 일의 예를 들면서, 합격시에 하는 일을 구체적으로 설명해 달라고 하거나 업무를 잘 수행하기 위해서 필요한 능력 등을 물어보는 것이 좋다.

## 4 자기소개 시 유의사항

면접에서 빠지지 않는 것이 자기소개를 간단히 해보라는 것이다. 이럴 때 꼭 해야 할 말은 무엇이며 피해야할 말은 무엇인가? 면접관의 모든 질문이 그러하듯 이 질문에 숨겨진 의도만 알아낸다면 쉽게 풀어 갈수 있다. 자기소개라는 것은 매우 추상적이며 넓은 의미를 포괄한다. 자신의 이름에 얽힌 사연이나 어릴 적의 추억, 고향, 혈액형 등 지원자에 관한 일이라면 모두 자기소개가 될 수 있다. 그러나 이는 면접관이 원하는 대답이 아니다. 면접관은 지원자의 신상명세를 알고 싶은 것이 아니라 지원자가 지금껏 해온 일을 통해 그 사람 됨됨이를 알고자 하는 것이기 때문이다. 다음 유형은 지원자들이 면접시 자기소개를 할 때 취하기 쉬운 태도들이다. 예시를 살펴본 후 자신의 방법과 비교해 보고 적절한 방법을 찾도록 하자.

### (1) 자신의 집안에 대해 자랑하는 사람

자신의 부모나 형제 등 집안 사람들이 사회·경제적으로 어떠한 위치에 있는지를 서술하는 유형으로 자신도 대단한 사람이라는 것을 강조하고 싶은 것일지 모르나 면접관에게는 의존적이며 나약한 사람으로 비춰지기 쉽다.

### (2) 대답을 하지 못하는 사람

면접관의 질문에는 난이도가 있어서 대답하기 힘든 문제도 분명히 있을 것이다. 그러나 이는 어려운 것이지 난처한 문제는 아니다. 그러나 면접관이 당신에게 "지금까지 무슨 일을 해왔습니까?"하고 묻는다면 바로 대답을 하지 못하고 머뭇거리게 될 것이다. 20여 년을 넘게 살아오면서 '나는 무슨 일을 했으며 어떻게 대답해야 하는가?'라는 생각이 들 것이다. 이는 단순히 그 사람의 행적을 말하는 것이 아니라 그 속에서 그 사람의 가치관과 자아정체성을 판별하기 위한 것이다. 평소에 끊임없이 이런 질문을 스스로 던져 자신이 원하는 것을 파악하고 직업도 이와 관련된 쪽으로 구하고자 하면 막힘없이 대답할 수 있을 것이다.

### (3) 자신이 한 일에 대해서 너무 자세하게 이야기하는 사람

오늘 아침부터 한 일을 말하라고 해도 10분 안에 이야기하는 것은 힘들 것이다. 면접은 필기시험과 마찬가지로 시간이 정해져 있고 그 시간을 효율적으로 활용하여 자신을 내보이는 것이다. 그러나 이러한 사람들은 그것은 생각하지 않고 불필요한 말까지 많이 하여 시간이 부족하다고 하는 사람들이다. 이와 비슷한 사람들 중에는 자기가 지금껏 해온 일을 무조건 늘어놓는 사람들이다. 이들은 자신이 한 일을 열거하면서 모든 일에 열의가 있는 사람이라고 생각해주길 바라지만 단순 나열일 뿐 면접관들에게 강한 인상을 남기지 못한다.

### (4) 너무 오래된 추억을 이야기하는 사람

면접에서 초등학교 시절의 이야기를 하는 사람은 어떻게 비춰질까? 그 이야기가 지금까지도 영향을 미치고 있다면 괜찮지만 단순히 일회성으로 그친다면 너무 동떨어진 이야기가 되버린다. 가능하면 최근의 이야기를 하는 것이 강렬한 인상을 남길 수 있다.

## 5 면접에 대한 궁금증

### (1) 1차, 2차 면접의 질문이 같다면 대답도 똑같아야 하나요?

면접관의 질문이 같다면 일부러 대답을 바꿀 필요는 없다. 1차와 2차의 면접관이 다르다면 더욱 그러하며 면접관이 같더라도 완전히 다른 대답보다는 대답의 방향을 조금 바꾸거나, 예전의 질문에서 더욱 구체적으로 파고드는 대답이 좋다.

### (2) 제조회사의 면접시험에서 지금 사용하고 있는 물건이 어느 회사의 제품인지를 물었을 때, 경쟁회사의 제품을 말해도 괜찮을까요?

타사 특히 경쟁사의 제품을 거론하는 것을 좋아할 만한 면접관은 한 명도 없다. 그러나 그 제품의 장·단점까지 분석할 수 있고 논리적인 설명이 가능하다면 경쟁회사의 제품을 거론해도 무방하다. 만약 면접을 보는 회사의 제품을 거론할 때 장·단점을 설명하지 못하면, 감점요인까지는 아니지만 좋은 점수를 받기는 힘들다.

**(3) 면접관이 '대답을 미리 준비했군요'라는 말을 하면 어떻게 해야 할까요?**

외워서 답변하는 경우에는 면접관의 눈을 똑바로 보고 말하기가 힘들며, 잊어버리기 전에 말하고자 하여 말의 속도가 빨라진다. 면접에서는 정답이 표면적으로 드러나 있는 질문보다는 지원자의 생각을 묻는 질문이 많으므로 면접관의 질문을 새겨듣고 요구하는 바를 파악한 후 천천히 대답한다.

**(4) 아버지의 직업이 나와 무슨 관계가 있습니까?**

이는 면접관이 지원자의 아버지 직업이 궁금해서 묻는 것이 아니다. 이 대답을 통해서 지원자가 자식으로서 아버지를 얼마나 이해하고 있는가와 함께 사회인으로서 다른 직장인을 얼마나 이해하고 포용할 수 있는가를 확인하는 것이다. 아버지의 직업만을 이야기하지 말고 그에 따른 자신의 생각을 밝히는 것이 좋다.

**(5) 집단면접에서 면접관이 저에게 아무런 질문도 하지 않았습니다. 그 이유는 무엇인가요?**

이력서와 자기소개서는 면접의 기본이 되며 이력서의 내용이 평범하거나 너무 포괄적이라면 면접관은 지원자에게 궁금증이 생기지 않는다. 그러므로 이력서는 구체적이면서 개성적으로 자신을 잘 드러낼 수 있는 내용을 강조해서 작성하는 것이 중요하다.

**(6) 면접관에게 좋은 인상을 남기기 위해서는 어떻게 하는 것이 좋을까요?**

면접관은 성실하고 진지한 지원자를 대할 경우 고개를 끄덕이거나 신중한 표정을 짓는다. 그러므로 지나치게 가벼워 보이거나 잘난 척하는 자세는 바람직하지 않다.

**(7) 질문에 대한 답변을 다 하지 못하였는데 면접관이 다음 질문으로 넘어가 버리면 어떻게 할까요?**

면접에서는 간단명료하게 자신의 의견을 일관성 있게 밝히는 것이 중요하다. 두괄식으로 주제를 먼저 제시하는데 서론이 길면 지루해져 다음 질문으로 넘어갈 수 있다.

**(8) 면접에서 실패한 경우에, 역전시킬 수 있는 방법이 있을까요?**

지원자 스스로도 면접에서 실패했다고 느끼는 경우가 종종 있다. 이런 경우에는 당황하여 인사를 잊기도 하나 그 때 당황하지 말고 정중하게 인사를 하면 또 다른 인상을 심어줄 수 있다. 면접관은 당신이 면접실에 들어서는 순간부터 나가는 순간까지 당신을 지켜보고 있다는 사실을 기억해야 한다.

## 6 면접에서의 공통질문

대부분의 기업들이 아래 세 가지를 반드시 질문한다.

### (1) 자기소개를 해보세요.

자기소개 시 정말로 자기 신상에 관해서만 소개하거나, 장점만 나열하는 것은 좋지 않다. 처음부터 업계, 회사, 담당 직무에 많은 관심을 가지고 준비해왔음을 보여주자.

### (2) 당사에 지원하게 된 동기를 말씀해주세요.

이 경우도 마찬가지다. 회사에 대한 개인적인 생각이나 취향을 이유로, 또는 회사가 업계에서 유명한 곳이기 때문에 지원했다고 답하지 말자. 해당 산업의 현실, 회사의 당면 과제 등을 파악해서 이에 대한 필요를 채워줄 수 있는 나의 장점을 설득력 있는 예를 들어 제시하자. 이를 통해 내가 회사에 필요한 인재이기 때문에 지원했음을 알려주는 것이다.

### (3) (경력직의 경우) 이직의 동기가 무엇입니까?

이 경우 이전 회사나, 직장 동료에 대한 부정적인 언급은 하지 말자.

위의 질문들 다음으로 가장 빈도수가 높은 질문은 "마지막으로 하실 말씀 있으면 해보세요."이다. 면접을 마칠 때 이 질문을 들으며 '이제는 끝났구나!'하고 입사 후 포부의 잘못 된 예처럼, '만약 합격한다면 최선을 다하겠습니다.' 등의 막연한 말들을 늘어놓지 말자. 대신에 해당 분야와 기업의 현황 등을 간략하게 말하고 이 속에서 내가 나아가야 할 방향과 담당 직무를 위해 준비해야 할 것들을 묻자. 이렇게 한다면 마지막까지 좋은 인상을 심어줄 수 있을 것이다.

아래는 시사상식, 직무와 개인 신상에 관한 특수한 질문은 제외하고 각 기업별로 출제 빈도가 높은 질문들을 모아보았다. 대부분의 기업에서 공통으로 질문하는 것들은 반드시 준비해 두자.

---

**기업 공통으로 출제 빈도가 높은 질문**

㉠ 지방 근무 가능하십니까?
㉡ 가족관계를 설명해 보세요.
㉢ 자신의 성격의 장·단점을 말해보세요.
㉣ 입사 후 어떤 일을 하고 싶습니까?
㉤ 노조에 대해서 어떻게 생각하십니까?
㉥ 그 직무에 지원한 이유가 무엇입니까?
㉦ 당사에 대해 아는 대로 말해보세요.
㉧ 본인의 장점을 말해보세요.
㉨ 주량은 어떻게 됩니까?

---

# 02 면접의 실례

## 1 자주 나오는 질문과 대처법

### (1) 가족 및 대인관계에 관한 질문

**당신의 가정은 어떤 가정입니까?**

> 면접관들은 지원자의 가정환경과 성장과정을 알고 싶어 하는 것이다. 비록 가정 일과 사회의 일이 완전히 일치하는 것은 아니지만 '가화만사성'이라는 말이 있듯이 가정이 화목해야 사회에서도 화목하게 지낼 수 있기 때문이다. 그러므로 답변 시에는 가족사항을 정확하게 설명하고 집안의 분위기와 특징에 대해 이야기하는 것이 좋다.

**아버지의 직업은 무엇입니까?**

> 아주 기본적인 질문으로, 지원자는 아버지와 내가 무슨 관련성이 있나라고 생각하기 쉬워 포괄적인 답변을 하는 경우가 많다. 그러나 이는 바람직하지 않은 것으로 단답형으로 답변하면 세부적인 직종 및 근무연한 등을 물을 수 있으므로 모든 걸 한 번에 대답하는 것이 좋다.

**친구관계에 대해 말해보시오.**

> 지원자의 인간성을 판단하는 질문으로 교우관계를 통해 답변자의 성격을 알 수 있다. 새로운 환경에 적응을 잘하여 새로운 친구들이 많은 것도 좋지만, 깊고 오래 지속되어온 인간관계를 말하는 것이 더욱 바람직하다.

### (2) 성격 및 가치관에 관한 질문

**당신의 PR포인트를 말해주십시오.**

> 지나치게 겸손한 태도는 좋지 않으며 적극적으로 자기를 주장해야 한다. 앞으로 입사후 하게 될 업무와 관련된 자기의 특성을 구체적인 일화로 이야기하면 좋다.

## 당신의 장·단점을 말해 보시오.

　지원자의 구체적인 장·단점을 알고자 하기 보다는 지원자가 자기 자신에 대해 얼마나 알고 있으며 어느 정도의 객관적인 분석을 하고 있나, 그리고 개선의 노력 등을 시도하는지를 파악하고자 하는 것이다.

## 가장 존경하는 사람은 누구입니까?

　존경하는 사람을 말하기 위해서는 우선 그 인물에 대해 알아야 한다. 대충 알고서 질문에 응답하는 것을 면접관은 바로 알 수 있으므로 추상적이라도 좋으니, 그 사람의 어떤 점이 좋고, 존경스러운지 대답해야 한다. 또한 자신에게 어떤 영향을 미쳤는지도 언급하면 좋다.

## (3) 학교생활에 관한 질문

### 지금까지의 학교생활 중 가장 기억에 남는 일은?

　가급적 직장생활에 도움이 되는 경험을 이야기하는 것이 좋다. 또한 경험만을 간단하게 말하지 말고 그 경험을 통해서 얻을 수 있었던 교훈 등을 예시와 함께 이야기하는 것이 좋으나 너무 상투적인 답변이 되지 않도록 주의한다.

### 학교 때의 성적은 좋은 편이었습니까?

　면접관은 이미 서류심사를 통해 지원자의 성적을 알고 있다. 성적 자체는 중요한 것이 아니다. 이 질문의 핵심은 당신이 성적에 대해서 어떻게 인식하느냐 하는 것이다. 성적이 나빴던 이유에 대해서 변명하려 하지 말고 담백하게 받아드리고 그것에 대한 개선노력을 했음을 밝히는 것이 적절하다.

### 학창시절에 시위나 데모에 참여한 적이 있습니까?

　기업에서는 노사분규를 기업의 사활이 걸린 중대한 문제로 인식하고 거시적인 차원에서 접근한다. 이러한 기업문화를 제대로 인식하지 못하여 학창시절의 시위 경험을 자랑스럽게 답변할 경우 감점요인이 되거나 심지어는 탈락할 수 있다는 사실에 주의한다.

## (4) 지망동기 및 직업의식에 관한 질문

### 왜 우리 회사를 지원했습니까?

이 질문은 어느 회사나 가장 먼저 물어보고 싶은 것으로 지원자들은 기업의 이념, 사장의 경영능력, 재무구조, 복리후생 등 외적인 부분을 설명하는 경우가 많다. 이러한 답변도 적절하지만 지망회사의 주력 상품에 관한 소비자의 인지도, 경쟁사 제품과의 시장점유율을 비교하면서 입사동기를 설명한다면 상당히 주목받을 것이다.

### 만약 이 회사에 불합격하면 어떻게 하겠습니까?

불합격할 것을 가정하고 회사에 응시하는 사람은 거의 없다. 이는 지원자를 궁지로 몰아넣고 그 대응을 살펴 입사희망 정도를 알아보려고 하는 것이다. 이 질문은 깊이 들어가지 말고 침착하게 답변하여야 한다.

### 당신이 생각하는 바람직한 사원상은?

직장인으로서 또는 조직의 일원으로서의 자세를 묻는 질문으로 지원하는 회사에서 어떤 인재상을 요구하는 가를 알아두는 것이 좋으며 평소에 자신의 생각을 미리 정리해두는 것이 적절하다.

### 직무상의 적성과 보수의 많음 중 어느 것을 택하겠습니까?

이런 질문에서 회사측에서 원하는 답변은 당연히 일에 비중을 둔다는 것이다. 그러나 적성만을 너무 강조하다 보면 오히려 솔직하지 못하다는 인상을 줄 수 있으므로 어느 한 쪽을 너무 강조하거나 경시하는 태도는 바람직하지 못하다.

### 상사와 의견이 다를 때 어떻게 하겠습니까?

과거에는 어떠했을지 모르나 요즘은 상사의 명령에 무조건 따르겠다는 수동적인 자세는 바람직하지 않다. 회사에서는 때에 따라서는 자신이 판단하고 행동할 수 있는 직원을 원하기 때문이다. 그러나 지나치게 자신의 의견만을 고집한다면 이는 팀원 간의 불화를 야기할 수 있으며 팀 체제에 악영향을 미칠 수 있으므로 선호하지 않는다는 것에 유념하여야 한다.

### 이번에 뽑는 사원은 근무지가 지방인데 근무가 가능합니까?

근무지가 지방 중에서도 특정 지역은 되고 다른 지역은 안 된다는 답변은 바람직하지 않다. 직장에서는 순환 근무라는 것이 있으므로 처음에 지방에서 근무를 시작했다고 해서 계속 지방에만 있는 것은 아님을 유의하고 답변해야 한다.

## (5) 여가 활용에 관한 질문

### 취미가 무엇입니까?

이 질문에 대해서 대부분의 지원자가 당황하게 된다. 그래서 가장 많이 대답하게 되는 것이 독서, 영화 감상, 혹은 음악감상 등과 같은 흔한 취미를 말하게 된다. 이런 취미는 면접관의 주의를 끌기 어려우며 설사 정말 위와 같은 취미를 가지고 있다하더라도 제대로 답변하기는 힘들다. 가능한 독특한 취미를 말하는 것이 좋으며 이제 막 시작한 것이라도 열의를 가지고 있음을 설명할 수 있으면 그것을 취미로 답변하는 것도 무방하다.

### 술은 좋아합니까?

이 질문은 정말로 술을 좋아하는 정도를 묻는 것이 아니다. 우리나라에서는 대부분 술자리가 친교의 자리로 인식되기 때문에 그것에 얼마나 적극적으로 참여할 수 있는 가를 우회적으로 묻는 것이다. 술을 싫어한다고 대답하게 되면 원만한 대인관계에 문제가 있을 수 있다고 평가하므로 술을 잘 마시지 못하더라도 술자리의 분위기는 즐긴다고 답변하는 것이 좋으며 주량은 정확하게 말하는 것이 좋다.

## (6) 여성 지원자들을 겨냥한 질문

### 결혼은 언제 할 생각입니까?

지원자가 결혼예정자일 경우 기업은 채용을 꺼리게 된다. 업무를 어느 정도 인식하고 수행할 정도가 되면 퇴사하는 일이 흔하기 때문이다. 가능하면 결혼 계획이 없다고 답변하는 것이 현실적인 대처 요령이다. 거기에 덧붙여 일하고자 하는 의지를 강하게 내보인다면 더욱 도움이 된다.

### 만약 사귀는 남성이 결혼 후 직장생활을 그만두라고 강요한다면 어떻게 하겠습니까?

결혼적령기의 모든 여성 지원자들에게 묻는 것으로 의견 대립이 생겼을 때 상대방을 설득하고 타협하는 과정을 알고자 하는 것이므로 대화에 중점을 두어야 한다. 답변으로는 남편을 설득하여 계속 근무하겠다는 의지를 밝히는 것이 좋다.

### 여성의 취업을 어떻게 생각합니까?

여성 지원자들의 일에 대한 열의와 포부를 알고자 하는 것이다. 많은 기업들이 여성들의 섬세하고 꼼꼼한 업무능력과 감각을 높이 평가하고 있으며, 사회 전반적인 분위기 역시 맞벌이를 이해하고 있으므로 자신의 의지를 당당하고 자신감 있게 밝히는 것이 좋다.

**커피나 복사 같은 잔심부름이 주어진다면 어떻게 하겠습니까?**

여성 지원자들에게 가장 난감하고 자존심상하는 질문이다. 이 질문은 여성 지원자에게 잔심부름을 전담하라는 요구가 아니라 직장생활 중에서의 협동심이나 봉사정신, 직업관을 알아보고자 하는 것이다. 또한 이를 위해 더 압박법을 사용해 비꼬는 투로 말하는 수 있는데 이는 자존심이 상하거나 불쾌해질 때의 행동을 알아보려는 것이다. 이럴 경우 흥분하여 과격하게 답변하면 탈락하게 되며, 무조건 하겠다는 대답도 신뢰성이 없는 답변이다. 직장생활을 위해 필요한 일이면 할 수 있다는 정도의 긍정적인 답변을 하되, 한 사람의 사원으로서 당당함을 유지하여야 한다.

**화장하는 데 얼마나 시간이 소요됩니까?**

아직도 많은 사람들이 여성은 업무보다 자신을 꾸미는 것에 더 많은 노력을 기울인다고 생각한다. 그러나 화장을 전혀 하지 않으면 게으르다고 생각하므로 적당히 자신을 위해 노력한다는 것을 보일 수 있도록 답변하는 것이 좋으며 화장시간은 15 ~ 30분 정도가 적당하다.

**여성 흡연에 대해 어떻게 생각하십니까?**

요즘은 간접흡연의 폐해가 밝혀지면서 흡연 자체가 남성, 여성을 떠나 좋지 않은 습관으로 인식되고 있으며 사회 전반에서 금연운동이 펼쳐지고 있음을 설명하는 것이 좋다.

## 2 이색 면접유형과 질문에 따른 대처법

### (1) 이색 면접유형

① **유도심문형 면접** … 면접관들은 이미 지원자들의 이력서나 자기소개서와 같은 서류를 읽어보았음을 감안해서 면접을 준비한다. 이런 과정에서 지원자들이 가장 취약한 점을 찾아내어 그에 따른 질문을 하게 된다. 주로 회사의 성격과 전공학과가 적당하지 않다 혹은 성적이 좋지 않다 등의 질문을 하게 된다. 이때에는 당황하거나 감정을 나타내는 등 면접관의 질문에 흔들리지 말고 당당하게 자신의 의견을 밝힐 수 있어야 한다.

② **소지품검사형 면접** … 개인적인 사항들을 말을 통해서 묻는 것과 실질적으로 소지품을 검사해보는 것은 큰 차이가 있으며 지원자가 느끼는 불쾌감 또한 매우 크다. 그러나 이것을 부정적으로만 생각하지 말고 기회를 활용하여 자신에게 득이 될 수 있도록 하여야 한다. 이런 소지품 검사의 경우 주로 여성 응시자들에게 많은 영향을 미치게 되는데 작은 소지품과 화장품 등은 파우치를 이용하여 따로 담아두는 것이 좋으며 비상용 밴드나 티슈 등을 넣어가지고 다니면 좋은 인상을 남길 수 있다.

③ **설명형 면접** … 면접관이 지원자에게 질문을 하기 보다는 입사 후 담당업무를 주로 설명하는 면접의 형태로 다른 면접보다 수월하게 느껴질 수 있다. 그러나 이러한 면접에서 지원자가 수동적인 자세로 설명을 듣고만 있다면 탈락하기 쉬우므로 이해가 되지 않는 설명에는 그것을 되묻고 자신이 흥미 있어 하는 부분에서는 그것을 드러낼 수 있어야 한다. 이를 위해서는 사전에 직장에 대한 지식이 필요하며 자신의 생각을 말할 수 있는 적극성이 강조된다.

④ **사우나 면접** … 일부 기업체에서 도입하고 있는 사우나 면접은 경직되어 있는 면접실을 벗어나 자연스러운 대화를 나누고자 하여 실시되는 것으로 면접뿐만 아니라 사내 회의에도 많이 활용되고 있다. 이때 지원자는 면접관의 등을 밀어주는 등의 행동을 할 때에는 지나친 것은 오히려 해가 될 수 있으며, 편안한 분위기에서 생활 속의 활력을 보여주는 것이 좋다.

⑤ **노래방형 면접** … 형식의 파괴를 보여주는 면접으로 사회성과 대인 관계정도를 파악할 수 있다. 이 경우 자신이 좋아하는 노래라고 너무 많이 부르거나 노래에 자신이 없다고 해서 전혀 안 부르는 것은 좋지 않으며 다른 사람을 배려하는 모습을 보이는 것이 좋다. 또한 최신곡을 한 곡 정도 부르는 것이 좋다.

⑥ **마라톤형 면접** … 과거에는 면접을 단순히 거쳐 가는 과정으로 인식하여 개인당 5 ~ 6가지의 질문으로 짧게 끝나는 경우가 많았으나 요즘은 면접을 통해서 지원자들의 성향을 파악하고자 하며 면접이 당락을 결정하는 경우가 많아 오랜 시간을 두고 지원자를 관찰하는 면접도 있다. 이러한 면접은 보통 4시간 이상 집중적인 인터뷰를 하는 식으로 진행되는데 이 경우 처음부터 너무 긴장하게 되면 후반부에 가서 지칠 수 있으며 이는 지구력이 떨어진다는 인상을 남길 수 있으므로 친구에게 이야기 하듯이 진솔하게 자신의 생각을 풀어나가는 것이 좋다. 이때는 반드시 면접관의 눈을 바라보며 이야기 하는 것이 효과적이다.

⑦ **집단합숙형 면접** … 마라톤형 면접으로도 부족하다고 생각되면 회사에서는 많은 비용이 드는 것을 감수하고서 집단합숙형 면접을 실시한다. 주로 2~3일간 합숙을 하면서 일어나는 사건들을 통해 성격과 능력을 평가하는 것으로 지원자들이 처음에는 면접이라는 사실을 인식하여 경직되어 있으나 점차 그 분위기에 익숙해지면서 성격이 드러나게 된다. 이 경우에는 미리 가족들과 함께 자신의 습관이나 행동패턴에 대해서 이야기해 보고 그것이 가지는 의미를 생각해 보는 것이 좋다. 그러나 합격 여부에 너무 집착할 경우 행동이 굳어질 수 있으므로 긴장을 풀고 다른 지원자들과 잘 어울리면서 자신의 장점을 부각시키도록 해야 한다.

## (2) 지원자를 당황하게 하는 질문과 그 대처법

### 성적이 좋지 않은데 이 정도의 성적으로 우리 회사에 입사할 수 있다고 생각합니까?

비록 자신의 성적이 좋지 않더라도 이미 서류심사에 통과하여 면접에 참여하였다면 기업에서는 지원자의 성적보다 성적 이외의 요소, 즉 성격·열정 등을 높이 평가했다는 것이다. 그러나 이런 질문을 받게 되면 지원자는 당황할 수 있으나 주눅 들지 말고 침착하게 대처하는 면모를 보인다면 더 좋은 인상을 남길 수 있다.

### 우리 회사 회장님 함자를 알고 있습니까?

회장이나 사장의 이름을 조사하는 것은 면접일을 통고받았을 때 이미 사전 조사되었어야 하는 것이다. 그러나 대중매체를 통해 이미 알려진 정보보다는 그 기업에 입사를 희망하는 지원자의 입장에서 답변하는 것이 좋다.

### 당신은 이 회사에 적합하지 않은 것 같군요.

이 질문은 상당히 짓궂게 들릴 수 있다. 듣는 순간 그렇다면 면접은 왜 참가시킨 것인가 하는 생각이 들 수도 있다. 당황하거나 흥분하지 말고 침착하게 자신의 어떤 면이 회사에 적당하지 않는지 겸손하게 물어보고 지적당한 부분에 대해서 고치겠다는 의지를 보인다. 이를 잘 활용하면 자신의 PR도 할 수 있다.

### 결혼했습니까?

이 질문은 결코 바람직한 질문이 아니며 특히, 여성 지원자들에게 제일 불편한 질문이다. 그러나 질문에 답하지 않는다면 좋지 못한 인상을 남길 수 있으므로 결혼과 직장생활이 상충되거나 대비되는 것이 아니라 상호 보완적인 관계에 있다는 점을 설명하면 좋다. 즉, 결혼생활이 직무 수행에 미치는 부정적인 영향보다는 긍정적인 영향을 예를 들어 답변하는 것이 적당하다.

### 다시 공부할 계획이 있습니까?

이 질문은 지원자가 합격하여 직장을 다니다가 공부를 더 하기 위해 그 회사를 그만 두거나 학습에 더 관심을 두어 일에 대한 능률이 저하될 것을 우려하여 묻는 것이다. 이때에는 당연히 학습보다는 일을 강조해야 하며, 업무 수행에 필요한 학습이라면 업무에 지장이 없는 범위에서 야간학교를 다니거나 회사에서 제공하는 연수프로그램을 활용하겠다고 답변하는 것이 적당하다.

## 지원한 분야가 전공한 분야와 다른데 여기 일을 할 수 있겠습니까?

수험생의 입장에서 여러 군데 원서를 넣거나 전공과 관련 없는 분야도 지원하게 되어 서류가 통과되고 인·적성검사 및 직무능력검사에 합격하여 면접전형까지 볼 수 있을 것이다. 다른 입사절차가 통과된 뒤 면접에서 면접관이 이런 질문을 할 수 있는데 수험생은 당황스러울 것이다. 우선 다른 전형에서 통과했다는 것은 회사의 인사채용 방침상 전공에 크게 영향 받지 않는다는 것이므로 무엇보다 자신이 전공하지는 않았지만 어떤 업무도 할 수 있다는 자신감과 능동적인 자세를 보여주도록 노력해야 한다.

## 분위기가 좋지 않은데 한번 우리를 웃겨 보십시오.

면접관이 수험생에게 이런 질문을 한다면 막연할 것이다. 반드시 웃기지는 않아도 평소에 그런 밝은 분위기를 유도할 수 있는 평상시의 생활모습과 사교성을 평가하는 것으로 평소에 밝은 생활태도와 친근한 분위기를 유도할 수 있는 이야기나 멘트 등을 알아두도록 한다. 면접관 앞이라 어색할 수도 있으나 마음을 편히 갖고 자연스럽게 얘기하도록 한다.

## 몸이 허약해 보이는 데 업무를 수행하는 데 지장은 없습니까?

직무 수행에 건강상의 이유로 지장이 생기지 않을 것임을 말하는 것이 좋다. 그러나 직무 수행에 영향을 미칠 수 있는 장애가 있다면 정직하게 사실대로 말하는 것이 좋으며 면접의 초점이 흐려지지 않을 정도로 그것에 대해 적극적인 자세로 설명하는 것이 바람직하다.

# 03 면접기출

## 1 캠퍼스 리쿠르팅 면접

- 1분 자기소개를 해보시오.

- 지원동기는 무엇인가?

- 현대홈쇼핑 들어오기 위해 특별히 노력한 것이 있는가?

- 홈쇼핑이 10년 후에도 살아남을 방안은 무엇인가?

- 친구들에게 나는 어떤 사람으로 인식되어 있는가?

- 경쟁사와 비교해서 이 회사의 장점, 단점은 무엇인가?

- 현대홈쇼핑의 약점은 무엇인가?

- 어떤 사람의 유형이 싫은가?

- 신속성과 정확성 중에 무엇을 더 추구하는가?

- 마지막으로 꼭 하고 싶은 말은 무엇인가?

- (해외여행 유경험자) 가봤던 나라 중 어느 나라가 가장 좋았는가?

- 상사가 윤리경영에 어긋나는 일을 시킨다면 어떻게 하겠는가?

- 대학생활 중에서 가장 기억에 남는 일은 무엇인가?

- 현대백화점이 나아가야 할 방향은?

- 자신의 장점 중 가장 자신있는 장점은 무엇인가?

- 왜 식품관 쪽에서 일하고 싶은가?

- 좋아하는 운동은 무엇인가?

- 오늘 패션에 대해 말해보시오.

- 살면서 가장 힘들었던 점은 무엇인가?

- 현대백화점의 최신 기사는 보았는가?

- 취미가 무엇인가?

- 무슨 과인가? 과에서 무엇을 배우는가?

- 듣고 싶은 질문이 있는가?

- 옆에 있는 두 사람의 장점은 무엇인가?

- 국내 급식업계는 포화상태인데, 어떻게 영업전략을 짜야하는가?

- 힘들었던 경험 또는 즐거웠던 경험은?

- 현대그린푸드의 장점과 단점은 무엇인가?

- 최근 식품트렌드는?

- 자신이 생각했을 때 자신의 단점은?

- 왜 유통업에서 일하려고 하는가?

- A라는 아이템은 대박 아니면 쪽박이고 B라는 아이템은 평타 치는 아이템이라면 무엇을 맡고 싶은가?

- 현대백화점에 대해 궁금한 점이 있는가?

- 언제부터 MD에 관심을 가지게 되었는가?

- 내가 회사에 어떤 것을 기여할 수 있겠는가?

- 면접관이 나를 뽑아야 하는 이유는?

- MD가 되면 어떤 물건을 팔고 싶은가?

## 2  현대홈쇼핑 팀장 면접

- 특별한 취미가 있는가?

- 남자친구/여자친구가 있는가? 싸울 때 주로 어떤 이유로 싸우는가?

- 입사 후 어떤 위치까지 올라가고 싶은가?

## 3 현대백화점 팀장 면접

- 지방근무가 가능한가?
- 선배와 의견이 충돌할 때엔 어떻게 하겠는가?
- 이기적인가? 이타적인가?
- 고집있는가? 없는가?
- 현대백화점의 신사업을 이야기해보시오.
- 영업관리자가 필요한 역량은 무엇이라고 생각하는가?
- 회사에서 하고 싶은 일은 무엇인가?
- 자신은 상사에게 어떤 부하직원이 될 것인가?
- 학부생활이나 교내활동 이외에 본인이 IT분야를 위해 노력해온 점이 있는가?
- 10년, 20년 후에는 무엇이 하고 싶은가?
- 고객편의서비스가 무엇인가? 본인이 제안하고 싶은 서비스는?
- 요즘 관심있는 키워드는 무엇인가?
- 백화점 업계에 스마트폰이 미치는 영향은?
- 다른 기업에서 했던 마케팅 중에서 인상 깊었던 마케팅은?
- 현대백화점 광고를 본 적이 있는가?
- 학교 동아리 활동에서 무엇을 했는가?
- 김영란법에 대해 설명해보시오.
- 사물인터넷에 대해 설명해보시오.
- 올해 패션트렌드에 대해 설명해보시오.
- 현대백화점 온라인 몰의 개선점에 대해 말해보시오.
- 이상적인 선택 말고 현실적인 선택을 해 효과를 본 경험이 있는가?
- 남들이 경험해보지 못한 특별한 경험이 있는가?
- 가장 기억에 남는 점포가 어디인가?
- 현대백화점을 한 단어로 표현하면?

**4** 현대그린푸드 IT 면접

- 자기소개를 해보시오.

- 루비와 자바의 차이점은 무엇인가?

- 본인이 전담 프로젝트를 진행하는데 상사가 급하게 다른 업무를 지시하여 강제로 전담 프로젝트를 그만두게 한다면 어떻게 할 것인가?

- 왜 개발직으로 지원했는가?

- 외국어 잘하는데 해외 파견업무 가능한가?

- 할 줄 아는 개발언어는 무엇인가? 어떤 언어를 선호하는가?

- 돈과 시간이 많다면 가장 먼저 무엇을 하고 싶은가?

- 현재 직업을 아무거나 고를 수 있다면 무엇을 하고 싶은가?

- 진행해 본 프로젝트 중에 가장 기억에 남는 것은 무엇인가?

- 퀵소트가 무엇인지 아는가?

- 세마포어가 무엇인지 아는가?

- 내성적인지 외향적인지 말해보시오.

- 대인관계에서 가장 중요한 것이 무엇이라고 생각하는가?

## 공무원시험/자격시험/독학사/검정고시/취업대비 동영상강좌 전문 사이트

| 공무원 | 9급 공무원 | 서울시 기능직 일반직 전환 | 각 시·도 기능직 일반직 전환 | 교육청 기능직 일반직 전환 |
|---|---|---|---|---|
| | 관리운영직 일반직 전환 | 사회복지직 공무원 | 우정사업본부 계리직 | 서울시 기술계고 경력경쟁 |
| 기술직 공무원 | 물리 | 화학 | 생물 | |
| | 기술계 고졸자 물리/화학/생물 | | | |
| 경찰·소방공무원 | 소방특채 생활영어 | 소방학개론 | | |
| 군 장교, 부사관 | 육군부사관 | 공군부사관 | 해군부사관 | 부사관 국사(근현대사) |
| | 공군 학사사관후보생 | 공군 조종장학생 | 공군 예비장교후보생 | 공군 국사 및 핵심가치 |
| NCS, 공기업, 기업체 | 공기업 NCS | 공기업 고졸 NCS | 코레일(한국철도공사) | 한국수력원자력 |
| | 국민건강보험공단 | 국민연금공단 | LH한국토지주택공사 | 한국전력공사 |
| 자격증 | 임상심리사 2급 | 건강운동관리사 | 사회조사분석사 | 한국사능력검정시험 |
| | 국어능력인증시험 | 청소년상담사 3급 | 관광통역안내사 | 국내여행안내사 |
| | 텔레마케팅관리사 | 사회복지사 1급 | 경비지도사 | 경호관리사 |
| | 신변보호사 | 전산회계 | 전산세무 | |
| 무료강의 | 국민건강보험공단 | 사회조사분석사 기출문제 | 독학사 1단계 | 대입수시적성검사 |
| | 사회복지직 기출문제 | 농협 인적성검사 | 지역농협 6급 | 기업체 취업 적성검사 |
| | 한국사능력검정시험 백발백중 실전 연습문제 | | 한국사능력검정시험 실전 모의고사 | |

**서원각** www.goseowon.co.kr

QR코드를 찍으면 동영상강의 홈페이지로 들어가실 수 있습니다.

# 서원각

## 자격시험 대비서

핵심이론 〉

출제예상문제 〉

온라인강의 제공

임상심리사 2급

건강운동관리사

사회조사분석사 종합본

사회조사분석사 기출문제집

교재구입 시
무료동영상강의
제공

국어능력인증시험

청소년상담사 3급

관광통역안내사 종합본